謝哲青

永恆的凝望

ETERNAL GAZE

天才閃耀
的時代

義大利
ITALY
米蘭
威欽察
威尼斯
曼托瓦
波隆那
佛羅倫斯
比薩
烏爾比諾
佩魯賈
羅馬
（梵蒂岡）
SANTA CROCE
亞諾河

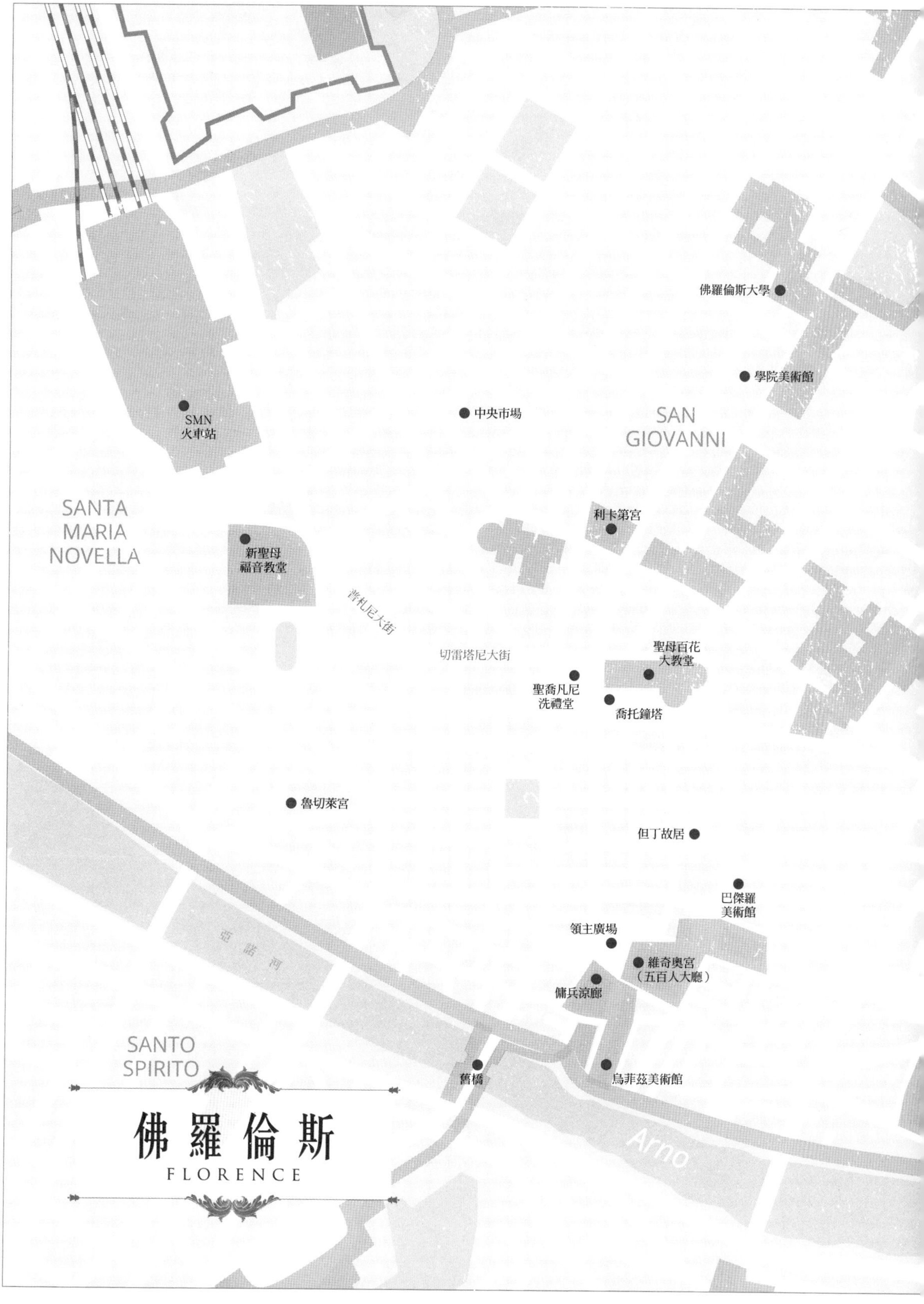

佛羅倫斯大學
學院美術館
SMN
火車站
中央市場
SAN
GIOVANNI
SANTA
MARIA
NOVELLA
利卡第宮
新聖母
福音教堂
普札尼大街
切雷塔尼大街
聖母百花
大教堂
聖喬凡尼
洗禮堂
喬托鐘塔
魯切萊宮
但丁故居
巴傑羅
美術館
領主廣場
維奇奧宮
（五百人大廳）
傭兵涼廊
亞諾河
SANTO
SPIRITO
舊橋
烏菲茲美術館
Arno
佛羅倫斯
FLORENCE

CONTENTS

Prologue 為什麼我要寫文藝復興？ 009
CHAPTER · 1 很久以前，在佛羅倫斯 027
CHAPTER · 2 米開朗基羅是這樣煉成的 049
CHAPTER · 3 通往文藝復興的天堂之門 077
CHAPTER · 4 達文西治水記 097
CHAPTER · 5 大衛像 125
CHAPTER · 6 溼壁畫 155
CHAPTER · 7 顛峰對決 181
CHAPTER · 8 來自烏爾比諾的天才 207
CHAPTER · 9 人的覺醒 227

Prologue

為什麼我要寫文藝復興？

無與倫比的教堂

那是許多年前，某個熾夏即將結束前的炎熱午后。那一天，羅馬市區的氣溫高得嚇人，彷彿從地獄蒸騰出來的熱氣，就要融化整座城市。儘管如此，舊城區內仍到處都是不知從何而來的人群。所有觀光景點黑壓壓的一片，就連聲名狼藉的六十四路市區巴士，市民避之唯恐不及的「扒手專車」，也擠得像沙丁魚罐頭一樣。萬神殿前打扮入時的仕女們，以大得誇張的遮陽帽與緊身洋裝下婀娜曼妙的身材，吸引了街道上無數男子貪婪慾望的目光。不過，為了躲避炙人的陽光，人們顧不了街上養眼的清涼，紛紛躲進每個可以遮蔭的石窖、咖啡廳與大教堂。

我跟著大排長龍的觀光客，緩緩地步入雄偉的聖彼得大教堂（Basilica di San Pietro in Vaticano）。實際上，用「雄偉」與「宏大」這類貧乏陳舊的形容詞，來描述面對聖彼得大教堂時內心澎湃不已的震驚感動，顯得語言平淡無力。站在聖彼得廣場（Piazza di San Pietro）前望去，內心會揚起某種莫名的崇高感動，像是藏民與雪巴族心目中的喜馬拉雅一樣，它無與倫比的巨大身影，讓我們覺得大教堂是世界的中心，無可動搖的聖山，是羅馬天際線永恆不變的風景。

IN ONOREM PRINCIPIS·APOST·PAVLVS·V·BVRGHESIVS·ROMANVS ONT·MAX·AN·MD XII·PONT·VII

在廣場旁的安檢站，與一大群嘈雜遊客一同接受警衛不耐而且馬虎的安全檢查（或是羞辱）後，才能進入大教堂的前庭。從這裡開始，萬頭攢動的人群似乎像約好了一樣，分別散去，朝聖信徒與觀光客們懷抱著不同的心情，各自忙各自的事去了。我則像大多數遊客一樣，加入川流的人潮，開始這場藝術的大拜拜。

聖彼得大教堂的正殿入口，是五面一字排開、雕飾精緻華美的青銅大門。最古老的一扇有五百年歷史，最新的則是在一九六五年，為了紀念風波不斷的第二次梵蒂岡大公會議（Concilium Œcumenicum Vaticanum Secundum）所製。不過最傳奇的當屬最右邊的那一扇，用水泥封住的聖門（Porta Santa）。天主教徒相信，每當銀禧（Jubilee）降臨時，只要心懷懺悔與感恩，穿過打開的聖門，背負的罪就會被赦免，靈魂也得以淨化，同時也取得永生的保證。這項傳統在西元一三〇〇年由當時的教皇博義八世（Bonifacius VIII）所發起，原本是每五十年舉辦一次，不過世上覺得自己有罪的人實在是太多了，而且教皇也發現「贖罪」的確是個不錯的生意，於是在廣大信眾的熱烈要求下，梵蒂岡決定縮短期限，改成每二十五年開放一次。當時還算年輕的我，還要再過幾年，才有緣親自參與這場天主教盛典。

聖殤——生命的希望

進入聖彼得大教堂，真正的精采才要展開：不可思議的廣大空間、金碧輝煌的華麗紋飾、細膩精緻的藝術傑作……漫步在大教堂，所有的一切都讓人流連不已。不過，真正讓我目眩神馳的是安置於大教堂右廂的宗教聖像。這件作品出自米開朗基羅之手，由一塊卡拉拉大理石所雕刻完成的天才之作。一四九九年出現在世人面前時，米開朗基羅這位當時還沒沒無聞的藝術家才二十四歲而已。傳說這塊卡拉拉原石從海上運來時，連向來自詡見多識廣、品味挑剔難纏的羅馬民眾，對它的雪白純淨也驚為天人。

在年輕藝術家辛勤奉獻了十八個月後，一件稀世的藝術珍品就此誕生。

這件藝術品有個哀傷、卻美得令人心碎的名字——「聖殤」。《聖殤》描述的

教皇博義八世

是在十字架上受難殉道後，聖母懷抱著剛剛死去的耶穌，哀毀逾恆的傷心模樣。

在西洋藝術史上，主要有三種表現悲傷聖母的藝術形象，分別是「苦難聖母」（Mater Dolorosa）、「哀悼聖母」（Stabat Mater）與「聖殤」（Pietà）。

「苦難聖母」表現的是瑪利亞預見兒子苦難的一生時，愁腸寸斷的憂容。「哀悼聖母」則是耶穌在十字架上受盡折磨時，瑪利亞站在十字架下無能為力，只能目睹一切發生的深切無奈與自責。

「苦難聖母」經常以繪畫形式出現，尤其是一四九二年以後的西班牙，「苦難聖母」化為伊比利半島子民的心靈依託，西班牙、葡萄牙，乃至於整個拉丁美洲、菲律賓，都可看見瑪利亞慈愛但憂鬱的面容。「哀悼聖母」除了繪畫外，最常成為宗教音樂的題材，〈聖母悼歌〉就是最具體的抒詠。蒙台威爾第、韋瓦第、巴哈、海頓、莫札特、德弗札克……前前後後七個世紀，大大小小也有六百多種不同版本。每當我感到迷惘與失落時，似乎只有哀婉悽愴的〈安魂曲〉與悲苦憐憫的〈聖母悼歌〉，才能撫慰我狂暴不安的靈魂。

至於「聖殤」則多半以雕塑呈現，自中世紀以來，義大利藝術家尤其對聖母亡悼的主題情有獨鍾。從僻遠鄉間石板道旁的祈禱亭到勝地的紀念品小舖，處處可見各種尺寸、各種形式的哀子像。

DOMINE
OMNIA NOSTI

中世紀的傳統「聖殤」雕像

今天，基於安全理由，米開朗基羅的《聖殤》被穩穩地保護在三層堅固厚實的防彈玻璃後面。但它給世人的感受，仍然是如此直接、巨大且深刻。從遠方望去，《聖殤》金字塔式的三角構圖，賦予她安定莊嚴的古典風格，聖母的每寸肌膚、每個細節都經過雕刻家精湛作工，並以無比沉著的耐性加以雕琢打磨。

在傳統的「聖殤」中，藝術家會用哭泣、充滿皺紋的蒼老臉孔，來強調聖母失去至愛的痛苦。然而，在米開朗基羅的《聖殤》中，聖母的面容卻是令人難以置信的平靜，甚至帶有脫俗的稚氣嬌嫩。實際上，瑪利亞幾乎就像是個未經世事、天真無邪的小姑娘。

米開朗基羅的學生曾向老師請教，為什麼《聖殤》會出現這種年齡的錯置呢？米開朗基羅斬釘截鐵地回答：「難道你不知道貞潔的女子，永遠比挑動過情慾的女人看起來更加年輕嗎？因為她的身心靈從未改變，就像新生一樣純潔完美！」

終其一生，米開朗基羅對「性」與「誘惑」都保持著清教徒式的嚴格拘謹，其實從這段談論中，世人隱約可窺見大師隱晦幽微的孤獨寂寞。

被母親擁在懷中的耶穌，安詳的面容不像是受盡殘虐折磨而死亡，反倒像是初生嬰孩一樣，陷在深深的睡眠中那般平靜。但隱藏在平靜背後的，卻是某種無以名之的窒息與苦楚。窒息，是白髮送黑髮的慟哭後，哀莫大於心死的沉默；苦楚，是看不見希望，未來難以為繼的無助。耶穌頭戴棘冠的傷痕、手腳上的釘孔與右脇下長槍穿透的傷口，都被雕刻家刻意模糊或隱藏，也許米開朗基羅想透過欲語還休的曖昧讓死亡變得更崇高，也更有尊嚴。他不張揚死別生離的悲歡，反倒透過近乎日常的平凡，來透析生命的虛空，進一步成為我們與永恆面對面時的自我觀照。

杜勒《苦難聖母》

同時，米開朗基羅刻意忽略解剖學的原則，調整了《聖殤》人物肢體部分的外觀比例：聖母以她巨大的雙手承托聖子氣絕的軀體，藝術家拉長耶穌軀幹的長度，使他的頭部與雙腳無力地向下沉墜，讓失去生命的身體顯得更加沉重、更有分量。完美無瑕的卡拉拉大理石，經過米開朗基羅不可思議的打磨拋光，散發出新月在海面上閃動的粼粼波光，不規則的褶皺在收攏與釋放之間，聖母的長袍在我的眼前，漾成一片傷心的海洋。

那一年，我二十四歲，第一次感受到藝術直指人心的偉大力量，一種讓我心蕩神怡且夢縈魂牽的深沉感動。

後來有很長一段時間，《聖殤》所烙下的印象，在我腦海中揮之不去。那一天，行程結束後，我在梵蒂岡博物館的書局，買了一張一九七五年由Robert Hupka所攝的《聖殤》明信片，接下來十幾年的歲月，我越過了撒哈拉浩瀚的沙海，登上七千五百公尺的珠穆朗瑪南坳，漫遊密克羅尼西亞與玻里尼西亞的小島，待過一個又一個陌生的城市，以及數不清在異鄉苦讀的寒窗夜，都有《聖殤》的陪伴。《聖殤》以某種神秘的方式滲入我的靈魂，她溫柔憂傷的氣質，填補了我內心一塊巨大無匹的失落。

漫長不安的流離歲月裡，有許多寂寞無依的夜，我凝視著手中的明信片，回憶生命裡曾經的種種。我想念自己逃避的家庭親情、懊悔自己輕忽背棄的親密關係、直視內心翻騰不已的混沌黑暗，並嘗試釐定未來可能的方向。透過《聖殤》，我看見某種生命的希望，同

時，也讓我想瞭解更多關於米開朗基羅與文藝復興時代的種種：為何藝術家能創作出撼動人心的作品？而文藝復興時代與佛羅倫斯，又如何孕育出類拔萃的創作心靈？

為了更深入這段輝煌的過往，我回到義大利佛羅倫斯，並試著將專業領域拓展到藝術史研究，讓它成為我熱情投注的志業。在這趟追尋之旅，我邂逅了許多精采有趣的人事物，同時也更接近歷史的核心。從那些數百年前的帳本簿記、市政廳會議紀錄、私人的書信往來、日記……諸多看似沒有交集的文字，需要我在千頭萬緒中爬梳歷史的線索，並還原事件真相。

兩個天才的世紀之爭

埋首在佛羅倫斯圖書館的日子裡，偶然讀到的一起事件讓我深感興趣。這是發生在一五二七年五月，佛羅倫斯市政府支付一項外包工程的酬勞，除了款項金額外還附有一段簡短的文字：

「四個弗羅林（佛羅倫斯當時的貨幣），十四名年輕工人，清理李奧納多・達文西（Leonardo da Vinci）於主後一千五百〇四年所繪的《安吉里之役》（The Battle of Anghiari）。」

維奇奧宮與五百人大廳

根據文獻紀錄，這件作品原來是畫在佛羅倫斯維奇奧宮（Palazzo Vecchio，又稱為市政廳、舊宮）內，長五十四公尺，寬二十三公尺，高十八公尺的五百人大廳（Salone dei Cinquecento），是目前所知全世界最大的房間之一。於一四九四年時，由狂熱激進的傳教士薩佛納羅拉（Girolamo Savonarola）所主掌的宗教政府所督造完成，按照薩佛納羅拉嚴格的簡樸原則，五百人大廳完工時十分陽春簡潔，沒有任何的裝潢，也不見多餘的文飾，空白且純粹，所有的人工造作，都是傲慢與虛妄。

十年後，佛羅倫斯共和國改朝換代，新政府領導人索德里尼（Pier Soderini）決定在素淨的廣大牆面繪上共和國引以為豪的歷史。當局出面邀請兩位時下公認最受愛戴、卻也視彼此為敵手的藝術天才，五十二歲的李奧納多．達文西與二十九歲的博納羅蒂．米開朗基羅。依照佛羅倫斯悠久的文化傳統，公開進行競圖，同場作畫。兩人的確也分別以自己的藝術理念，透過佛羅倫斯十四、十五世紀的軍事勝利《安吉里之役》與《卡西納之役》，來彰顯共和國為獨立與為自由奮鬥不懈的精神。

索德里尼

又過了一段時間，我才明白，達文西與米開朗基羅的世紀之爭，是文藝復興時期最重要的一次顛峰對決。兩人迥然不同的創作理念在這次的競圖中表露無遺，不僅在當時藝術界投下一顆震撼彈，也引領了接下來五百年的藝術哲學。

瓦薩里

然而，當我深入探索想瞭解更多時，卻突然發現今天我們所看到的《安吉里之役》與《卡西納之役》竟然都是臨摹與副本！這也激起了我心中無限迴圈的疑問，這其中究竟發生了什麼呢？達文西與米開朗基羅互相討厭是事實嗎？如果不是真的，為什麼後世的藝術史家對兩人之間的複雜心結言之鑿鑿？

「在神話與傳說的背後，一定隱藏著簡單的事實。」或許有某種原因，讓兩人不和的傳言成為世紀新聞。如果米開朗基羅與達文西不和是真的，那將兩位文藝復興天才放在同一個房間裡競技一定相當有趣。但又是為了什麼，後人將大師所留下的作品全部抹去呢？

今天在維奇奧宮的五百人大廳，我們只能看見瓦薩里（Giorgio Vasari）在一五五五到七二年所完成的壁畫，而這中間，到底發生了什麼事呢？

探索這段史實的旅程，是我所經歷過最難忘的冒險之一。它不僅僅只是一場藝術史的探索，更是個人心靈成長的天路歷程。為了能更接近歷史現場，讓我們一同拜訪這個風華絕代的百花之都佛羅倫斯，追尋這段被時光遺忘的往事。

IOHÃNES·ORICELLARIVSPAV·F·AN·SAL·MCCCCLXX

CHAPTER · 1

很久以前，在佛羅倫斯

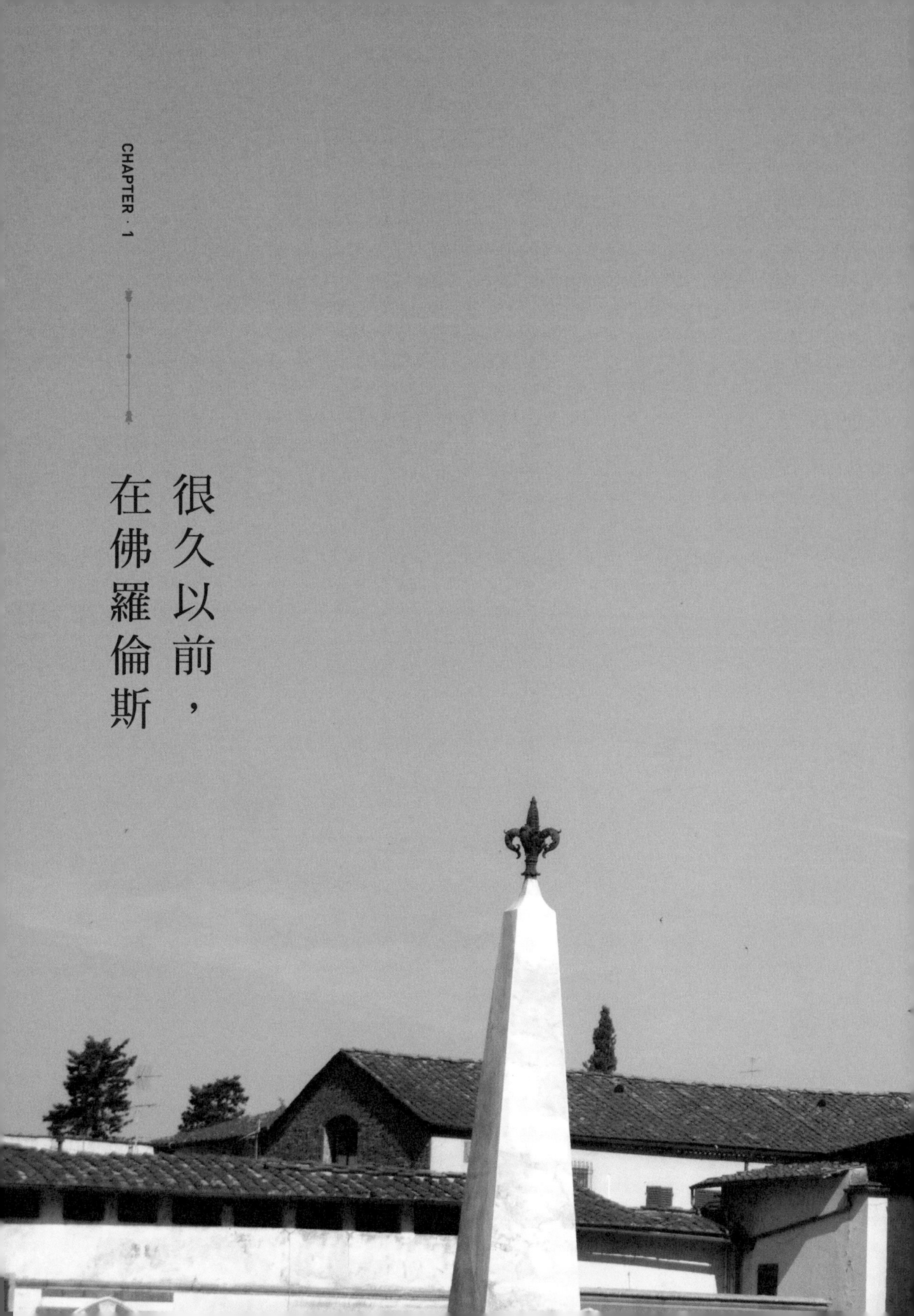

「羅馬正在殞落，我家鄉的城市就要興起，而且，她會大張旗鼓地完成偉大功業。因此，我立志要寫下它過往的全部！只要還能看到她興起的點滴，我甚至還想寫到當代最新發展的種種！」

——《新年鑑》（Nuova Cronica）／喬凡尼・維拉尼（Giovanni Villani）

天才主宰的時代

佛羅倫斯市中心的SMN火車站，是我追尋文藝復興旅程的起點。

這座車站由著名的建築團隊Gruppo Toscano所設計興建，一九三四年落成啟用時，曾引起不小的騷動。追求視覺上的平衡與對稱，摒棄華麗裝飾，融合新古典風格的穩重與功能主義的簡約，SMN火車站是最經典的法西斯建築。

法西斯建築的普遍主題是「公民建築」（Civic Buildings），目的在宏揚民族主義，讓市民對自身國族的歷史感到光榮自豪。乍看之下，很難讓人與文藝復興之都的印象結合在一起。實際上，佛羅倫斯舊城區的公共建築，或多或少都與愛國主義有點關聯。

五百年前，佛羅倫斯的執政者們，大多認為稚嫩脆弱的「民主」是失敗的制度，每個人都能表達意見與結成政黨的自由很虛偽，真正的政治家會以強而有力的國家力量團結人民。著名的義大利史研究學者露絲・班―吉特（Ruth Ben-Ghiat）就指出「人民本來就應該崇拜國家，國家比階級更重要」。

SMN火車站

文藝復興時期，「國家」與「教會」政治角力日趨激烈白熱，這兩股力量的衝突，後來導致宗教革命，進而分裂歐陸，引爆生靈塗炭的三十年戰爭，永遠改變政治結構與信仰版圖。

阿伯提

時至今日，每年約有六十萬人次進出這座義大利中北部最重要的交通樞紐，從ＳＭＮ搭地區火車，前往托斯卡尼地方鄰近的大城小鎮，車程時間大都在一個半小時，交通十分方便。

ＳＭＮ實際上就是新聖母福音教堂Santa Maria Novella的縮寫。在火車站大門正前方，就可以看見這座教堂的背面，不過大部分觀光客卻很容易忽視它的存在。這座教堂之所以被稱為「新」聖母福音教堂，是因為它建造在九世紀的貞潔聖母教堂（Santa Maria delle Vigne）原址。西元一二二一年，這塊土地配發給剛成立不久的教團「道明會」，俗稱黑衣修士會的道明會眾決定在此地增修擴建一座適合靜觀與沉思的新教堂與修道院。

新聖母福音教堂由兩位道明會修道士所設計，於一二四六年動工，約莫在一三六〇年完成了厚實樸素的羅曼式—哥德式的鐘樓與聖器室。至於建築最重要的正面，正式說法是「立面」（façade），只粗略完成了下半部。直到半世紀後，著名富商喬凡尼・魯切萊（Giovanni di Paolo Rucellai）委託萊昂・巴蒂斯塔・阿伯提（Leon Battista Alberti）設計了教堂正立面的上部，由黑白相間的大理石打造而成。

身兼工程師、人文學者、語言學家、樂師、畫家、詩人、馬術師與發明家等多重身分的阿伯提，是公認第一位全方位的文藝復興人。他出版過羅馬帝國滅亡後第一本關於建築、繪畫與雕塑的理論專著，其中又以論文集《論建築》（De Re Aedificatoria）最為重要。阿伯提以歐幾里德的幾何學為基礎，透過合理的比例尺寸配置，重新打造「人」的生活空間，深深影響接下來五百年的建築思潮。

位於義大利北部里米尼（Rimini）的馬拉泰斯塔教堂（Tempio Malatestiano）、世界遺產古城皮恩扎（Pienza）的大廣場、曼托瓦市區的聖安德肋聖殿（Basilica di Sant'Andrea），以及佛羅倫斯市中心，為魯切萊家族所設計的魯切萊宮（Palazzo Rucellai），全都出自於阿伯提的手筆。

魯切萊宮

阿伯提最偉大的創舉，是挪用希臘—羅馬時代最重要的建築語彙「柱式」，將原本象徵超凡神性、只能用在宗教聖座的建築符號，轉移至銀行與商業行會等世俗的事務機構。自此以後，原本支撐信仰的柱式，轉向為金錢背書。台北市二二八紀念公園對面的土地銀行舊址，就是最典型的例子。

回到佛羅倫斯，按年代而言，新聖母福音教堂是百花之都第一座宗座聖殿，在天主教事務上享有崇高神聖的地位，過去七百年來，義大利最美好的藝術全都在此奉獻。從中世紀到巴洛克，幾乎叫得出名字的藝術家，都有作品在此陳列，SMN可說是義大利最出色、也最典雅的宗教藝術寶庫。

我偏愛在溫暖的冬日午後，坐在新聖母福音教堂前方廣場的長椅，細數阿伯提簡約素雅的建築設計。完美的幾何圖形、優美的圓弧曲線……所有的一切都在向世人宣告，天才主宰的時代已經來臨了。

天使的高度

走出火車站，面對新聖母福音教堂，就在左前方，潘札尼大街（Via Panzani）約莫八米寬的街道遙遙向遠方延伸，它是通往市中心的主幹道之一。早在中世紀末期，這條大街就已經存在了。根據語源學的研究，「Panzani」這個字源自古伊斯特拉坎語的「Pantano」，意

思是「沼澤地」或是「泥潭」。潘札尼大街的現址，以前是古佛羅倫斯的護城河，大約在但丁的時代被填平，成為城市的交通幹道。一四〇〇年代初期的潘札尼大街周圍還保有農村的光景：麥田、果園、葡萄園，市民在這裡放牧牛隻及羊群，當牲畜長大，就沿著大街驅趕到聖喬凡尼洗禮堂附近的市集買賣。

再往前走一百公尺，潘札尼大街向左方轉四十五度，便接上更開闊明亮的切雷塔尼大街（Via de' Cerretani），來往的人也變多了。街道依舊維持了五百年來的規格：四十肘尺，是允許兩輛馬車並行或會車的寬度。走到這裡，已經可以看見聖母百花大教堂無與倫比的大圓頂，以及在城市每個角落都可以看見，一百五十三公尺上閃閃發光的鍍金銅球。金球與圓頂，不僅是聖母百花大教堂的標記，也是麥迪奇家族的權力象徵。

從聖母百花大教堂的正面，沿著右側向前行，就會發現這裡是欣賞大教堂圓頂的絕佳所在。在體能允許的前提下，旅人們可以登上八十四公尺

布魯內列斯基

高的喬托鐘塔，從「天使的高度」俯瞰佛羅倫斯，每個角度的展望都像明信片風景般令人心動。右側門的前方，可以看到布魯內列斯基的大理石像，這位出身平凡的建築師在沒有鋼筋、混凝土等先進建材的年代，完成了全世界最大的石砌磚造圓頂。在沒有現代機械與動力設備的協助下，把三萬七千噸大理石安穩地疊在空中，完成了米開朗基羅所宣稱的「人類永遠無法超越的奇觀」。正襟危坐的布魯內列斯基，左手拿著圓頂的結構圖，右手拿著尺規，全神貫注地看著他費時十七年所成就的穹頂。一如當地人相信聖安儂基亞塔教堂修道院內的溼壁畫是天使所繪，佛羅倫斯人也認為聖母百花大教堂如同奧林帕斯聖山的風景，也是平凡如我們難以想像的偉大神蹟。

喬托鐘塔和大圓頂

追尋但丁

布魯內列斯基雕像旁的小巷子，是通往但丁故居的道路。以前在上中世紀文學課程時，總以為但丁只是透過文學表達熾烈信仰的激進分子，他憑什麼把歷史與神話中的人物，甚至是和他同時代的人，全都丟入無間地獄折磨。雖然我知道但丁是義大利最偉大的文學家、最頂尖的史家，但是我實在無法進入他的內心世界。

直到多年後，我也像但丁一樣流浪、飄盪，在理想與現世之間掙扎徘徊，幾番兜兜轉轉，當我拜訪他的故居時，才明白我所渴望與追尋的和但丁一樣，是對「家」的眷戀。

後來，每當我拜訪佛羅倫斯，總會再三流連詩人所走過的每個角落，低聲唸出：

Nel mezzo del cammin di nostra vita
mi ritrovai per una selva oscura
ché la diritta via era smarrita.
Ahi quanto a dir qual era è cosa dura
esta selva selvaggia e aspra e forte
che nel pensier rinova la paura!
Tant'è amara che poco è più morte;

我走到人生的一半旅程
卻發現自己步入一片幽暗的森林
這是因為我迷失了正確的路徑。
啊！這森林是多麼荒野、多麼險惡、多麼舉步維艱！
道出這景象又是多麼困難！
現在想起也仍會毛骨悚然
儘管這痛苦的煎熬　不如喪命那麼悲慘

ma per trattar del ben ch'i' vi trovai,
dirò de l'altre cose ch'i' v'ho scorte.
Io non so ben ridir com'i' v'intrai,
tant'era pien di sonno a quel punto
che la verace via abbandonai……

但是要談到我在那裡　如何逢凶化吉而脫險
我還要說一說　在那裡對其他事物的親眼所見
我無法說明　我是如何步入其中
我當時是那樣睡眼矇矓
竟然拋棄正路，不知何去何從……

（上）但丁故居（下）左為科西莫青銅像，右為海神涅普頓

我也曾像但丁一樣，迷失在錯綜幽暗的森林裡，困在絕望與徬徨之間。但丁的偉大，在於運用「詩」純粹的能量，引導人們找回生命的方向。但丁的故居就像他的詩一樣，要在柳暗花明後，才能豁然開朗。

穿過曲曲折折的巷弄，突然眼前一片開闊，我們來到舊城區的中心地帶：佛羅倫斯的市政廳廣場。初次拜訪的朋友可能會羞愧地發現，原來當我們面對千百年來的藝術成就時，內心竟然如此倉皇失措。

我們卑微地站在世界的中心點，周遭的眾神與英雄一如站在奧林帕斯神山上，以睥睨的眼神及輕蔑的姿態俯瞰一切，對凡夫俗子投以漠然，好像我們並不存在。我們為這一刻的渺小無助感到莫名的悸動興奮，彷彿從出生的那一刻開始，就在等待著這神奇的片刻，見證偉大與奇蹟。

站在市政廳廣場，面對維奇奧宮大門入口，從左手邊開始細數，首先是「國父」科西莫的騎馬青銅雕像，龐大的身影給予現場強烈的壓迫感與存在感，高高抬起的巨大馬蹄彷彿要踩碎一切，這不僅是寫實的戰士形象，更是這位麥迪奇家族領導人行事作風的中肯寫照：沒有人可以向科西莫說不，拒絕他的只能有一種下場，那就是粉身碎骨。

再往右側，海神涅普頓的雕像浸潤在氤氳水氣之中，散發出卡拉拉大理石溫潤內斂的奇異光澤，這座海神像也是一項宣示，它告訴全世界：即使短暫，佛羅倫斯也曾擁有過縱橫地中海的風光歲月！

我凝視著卡拉拉大理石細緻的紋路，才頓然醒悟，為什麼雕刻家千方百計無所不用其極地去爭奪卡拉拉的原石，全世界只有這種大理石擁有靈魂，藝術家唯一要做的，就是釋放禁錮在大理石內的永恆。

不過話說回來，當巴托洛密歐・阿曼納蒂（Bartolomeo Ammannati）於一五六五年完成海神噴泉時，尖銳又苛刻的佛羅倫斯人一點也不賞臉，嘲笑海神噴泉是「白色大便」（Biancone）：

「Ammannato, Ammannato, qoanto matmo hai sciupato!」

「阿曼納蒂、阿曼納蒂啊！你到底糟蹋了多少大理石啊！」

相較之下，更右側的作品就顯得幸運許多，多那太羅分別在一四二〇年與一四六〇年所創作的《獅子》（Marzocco）、《茱蒂絲》（Judith and Holofernes），原件分別被收藏在巴傑羅博物館與維奇奧宮內。藝術史教科書總把這兩件青銅雕塑視為佛羅倫斯追求共和，與對外邦戰爭不屈不撓的象徵，佛羅倫斯人對這兩件小作品敬愛有加是有原因的。根據眾說紛紜的古老傳說：曾經有位僱傭兵將軍將這座城市從苛政的威脅中解放了出來，後來城市裡的居民每天都在討論，該如何酬謝這位將軍。經過數個月的研議，他們認為即使傾全國之力獻上所有報酬，或是請他擔任城市的統治者，都無法表達對將軍謝意的萬分之一。但如果把他殺了，當成這座城市的主保聖人來膜拜，世世代代子孫將會永遠記得將軍的恩澤。

根據馬基維利的記載，將軍的下場真的遭到城市的謀殺。這跟古羅馬元老院對待羅馬創建者羅慕路斯（Romulus）的手法沒什麼不同，也顯現出來義大利在政治上的某種偏狹，對有功的僭主看做是國家的威脅，「暗殺」成為義大利歷史運作的潛規則。

當一四九四年麥迪奇家族被驅逐出境時，原先擺在他們豪宅裡的《茱蒂絲》搬來市政廳廣場，他們還在銅像的底座加刻了一條銘文：

多那太羅的《獅子》與《茱蒂絲》

「Exemplum Salutis Publicae Cives Posuere MCCCCXCV」
「佛羅倫斯市民樹立於一四九五年，作為共和國福址的表率」

在此之後，佛羅倫斯人就經常提到刺殺凱撒的布魯特斯，雖然義大利家喻戶曉的詩人但丁在《神曲》〈地獄篇〉中，將布魯特斯與他的夥伴卡西烏斯，連同出賣耶穌的猶大，一齊被判入了地獄的最底層，但共和國狂熱的政治激進分子，把布魯特斯的行徑「我愛凱撒，但更愛羅馬！」理想化，為血腥的政治謀殺披上榮耀的外衣。最有名的案例，就是策動暗殺麥迪奇家族的伯斯克利，雖然沒有成功，但他的獄中自白，赤裸裸地表明對這種暴力典範的著迷。另一位激進的革命修士薩佛納羅拉（Girolamo Savonarola）更進一步宣稱：「任何基於愛國主義下的暴行，都是可以被允許的。」

佛羅倫斯不能說的秘密

多那太羅的這兩座青銅作品，透露了佛羅倫斯不能說的秘密。

維奇奧宮門口的《大衛》氣宇軒昂地挺直背脊，將眼光投向不可知的未來。雖然大家都知道廣場上的這座雕像，是十九世紀精確到近乎完美的複製品，但如我們更深入瞭解《大衛》曲折離奇的過往，也會被他多舛的身世所懾服。

而另一座鎮守宮門的巨像，就在大衛右方。半人半神的海克力斯（Hercules）正用左手掀住腳邊癱軟的巨人卡庫斯（Cacus）。米開朗基羅與巴迪里尼又再一次向我們暗示，佛羅倫斯共和國的歷史是殘暴且鮮血淋漓的。

坐在廣場角落，回顧過去，我想全世界僅有幾個所在可以與佛羅倫斯的領主廣場相提並論，能像此地一樣，充滿激情、狂熱與感動。

就在眼前，這個充滿陽光與笑語的廣場中，竟然發生過那麼多驚心動魄的歷史事件。

珍．莫里斯說過，充滿陽性暴力的傭兵涼廊，實在不適合深夜未歸的良家婦女。涼廊正面上方，標示著堅毅、節制、

薩佛納羅拉

來自費拉拉，在十五世紀末的佛羅倫斯，以嚴厲的狂熱帶領信眾，掀起腥風血雨的黑衣修士薩佛納羅拉，於一四九七年二月七日，他指示一群盲信的追隨者，在廣場中間燃起一堆稱為「虛榮之火」（Falo della Vanita）的金字塔式篝火，並煽動未成年少男少女，以文化大革命的暴力姿態，挨家逐户地強行征收數以萬計、被黑衣修士定調為世俗奢靡的「享樂物品」：來自普羅旺斯的高級香水、威尼斯的手工鏡子、高貴精緻的訂製禮服、為人帶來聽覺歡愉的樂器、散播異端思想的書籍（像是柏拉圖與亞里斯多德）、非天主教主題的繪畫與雕塑（尤其是波提切利的畫作），還有像是薄伽丘《十日談》之類沉溺於感官逸樂的文學作品……這些象徵導致靈性墮落的物品，全都在這場文明的浩劫大火中付之一炬。

「焚書的地方，到頭來也會燒人。」一年後，厭倦薩佛納羅拉說教的佛羅倫斯人，也把他五花大綁地綑在架上燒死，海神噴泉前面的地上還有一塊小小的銅牌，標記著當年火刑的時間。

一五四五年，藝高人膽大的切里尼，在眾目睽睽之下，揭開新作的布幕，讓許多圍觀者暈眩、昏厥於地。佇立在此地將近四百年的大衛像，直到一八七三年才搬到學院美術館（Galleria dell'Accademia），當時為了大衛像的搬遷工程，特別鋪設一條臨時鐵路方便作業。

切里尼《帕修斯與梅杜莎》

到了十九世紀，新統一建國的義大利在廣場舉辦了第一次全國代表大會。維多利亞女王則喜歡乘著馬車穿過市政廳廣場，顯示她身分的與眾不同。墨索里尼與希特勒在維奇奧宮前握手，廣場上的法西斯黑衫軍與黨衛隊歡聲雷動。

直至二十一世紀的今天，領主廣場繼續向下沉淪，成為古馳、凡賽斯、芬迪與范倫鐵諾等時尚品牌的伸展台。眼前配色俗豔、花枝招展的遊客，與廣場南側傭兵涼廊（Loggia dei Lanzi）內極盡扭曲的肢體，正好形成充滿趣味的對比。

公義與謹慎的護牆飾板，早已被世人所遺忘。褒揚美德與良善的雕像褪到迴廊最深處，站在前排的是謀殺、欺騙、強暴與背叛——立於最顯眼處的帕修斯，高舉著方才割下的蛇髮女妖梅杜莎頭顱，旅人們彷彿還可以聽到潺潺滲下的滴血聲，既殘酷又不可思議。姜波隆納（Giambologna）雕刻刀下被強擄的薩賓族婦女，用絕望無助的眼神看著下方年邁孱弱的父親，羅馬人則用充滿慾望的視線，血脈賁張地看著到手的獵物。特洛伊的波呂克塞娜，歇斯底里地想要掙脫阿奇里斯，而其他的女祭司只能試著拖延，無能改變殘酷的命運。

當夕陽緩緩落下，旅人們也會穿越廣場，沿著亞諾河畔漫步前行，感受時間緩緩沉澱的美好。泛著波提切利式的金光，溫柔地灑滿河面，晚照映著舊橋優美的剪影。

文藝復興的詩意與想像，其實就存於我們每個人習以為常的生活中。我所想像得到的每個層面，都隱藏著佛羅倫斯的偉大。當我凝望著亞諾河上閃動的粼粼波光，所有的導覽說明都不再具有意義，此刻唯一留下的只有美——具體存在且永恆的美。

維奇奧宮、傭兵涼廊與領主廣場

CHAPTER · 2

米開朗基羅是這樣煉成的

投入吉蘭達約門下

一般人對義大利繪畫藝術，尤其是文藝復興時代的認識，心中會自動浮現達文西、米開朗基羅、拉斐爾等三位大師的名字。似乎這三位天才，就撐起了整個文藝復興藝術。

其實，早從十三世紀初期，藝術革命就靜靜地展開了。不過，當時並不存在「藝術家」（Artists）這個概念，藝術工作者們只是一群傳承古老傳統、技藝精湛的石匠、金匠、木匠、陶工、鍛冶工、畫師……就觀念上而言，他們更接近我們今天所謂的「職人」（Craftsman）。創作題材的選擇與表現手法，大部分都在一定的規範內進行，內容形式也以闡揚天主教信仰為主，透過普世的宗教情感來引起共鳴。

米開朗基羅雖然從不稱自己為畫家，但是他對藝術的啟蒙卻是從繪畫開始。大約十三歲時，米開朗基羅成為當年佛羅倫斯著名畫家吉蘭達約（Domenico Ghirlandaio）的學徒。出身於金匠家族的吉蘭達約，本名相當地長，叫作Domenico di Tommaso di Currado di Doffo Bigordi，而吉蘭達約這個名字來自「Il Ghirlandaio」，意為「花環匠」（Garland maker）。當時佛羅倫斯的貴婦仕女，會向金匠訂製花環形式的項鍊與頭飾，而吉蘭達約的父親就是這一行的佼佼者。畫工精純、風格明朗的吉蘭達約，更是位富有旺盛企圖心與社交手腕的企業家，因為擅於公關，人脈經營相當出色，委託案件應接不暇，連遠至羅馬的教宗都知道他的名號。為此，吉蘭達約特別成立大型工作室，類似今天的跨國事務所，以精密分工及高效產能完成客戶的所有託付，成品質量俱佳，因此也就不難想像偉大的西斯汀禮拜堂壁畫，其中一部分就發包給吉蘭達約來負責。

他曾有個夢想，就是把環繞佛羅倫斯八公里的城牆內外都繪上溼壁畫。如果夢想實現，那將是人類史上最大規模的視覺藝術創作。

吉蘭達約、達文西、波提切利，與達文西的老師維洛及歐、波提切利的老師菲利波‧利比，並列為文藝復興中期的藝壇菁英。對於一位具有創作天賦的少年米開朗基羅而言，能有如此大師擔任指導，是再好也不過的事了。

當年，吉蘭達約堪稱文藝復興世界的北極星，深深受到後輩推崇。十六世紀畫家兼藝術史作家瓦薩里曾如此形容吉蘭達約：「他是客戶心目中最理想的委託藝術家，甚至可說是熱愛自己的工作！」從陶器上的彩繪到婦女手帕的錦織草圖，為了不得罪每位客戶，身為老師的吉蘭達約會督促學徒們接下所有委託案。

吉蘭達約

吉蘭達約擁有敏銳的藝術嗅覺，能比對手早一步預測市場動向，同時也巧妙綜合佛羅倫斯人對藝術的品味與偏好：人物身段優雅靈巧，五官端正秀麗，構圖用色細膩溫暖，畫中每樣東西都在恰到好處的位置，每個肉眼難以察覺的細節，都藏有繁複細膩的繪製。

吉蘭達約引領潮流

像是收藏於巴黎羅浮宮的《老人與孫子》（Ritratto di vecchio con nipote），就是吉蘭達約知名度最高的作品之一。他以柔軟的筆觸，捕捉老人慈祥的眼神與孩子無邪的天真。我尤其喜歡畫中自然流露的生活感，祖孫兩人互動親暱，在眼神交會的瞬間，洋溢著圓滿與幸福，是一幅充滿人性光輝的藝術傑作。

另一件出色的作品，則是新聖母福音大教堂內托爾維博尼禮拜堂（Cappella Tornabuoni）的聯幅鉅作《聖母瑪利亞與施洗者約翰的一生》。從一四八五年到一四九〇年，他一共花了將近五年的時間才完成，總面積達五百三十一平方公尺（米開朗基羅的創世紀則是一千一百平方公尺），以接案規模來說算是件鉅案，如果沒有助手的協助，一個人不可能完成如此浩大的工程。

在吉蘭達約的團隊中，他的兄弟貝內狄托（Benedetto Ghirlandaio）、大衛（Davide Ghirlandaio），妹婿馬納迪（Bastiano Mainardi）與兒子利多佛（Ridolfo Ghirlandaio）以及學生法蘭契斯卡．葛蘭納契（Francesco Granacci），都是工作室的核心成員，少年米開朗基羅

吉蘭達約《老人與孫子》

托爾維博尼禮拜堂，古蘭達約《聖母瑪利亞與施洗者約翰的一生》。©Karatecoop(CC BY-SA 4.0)

古蘭達約《瑪利亞的誕生》

就是在這個時候投入吉蘭達約的門下。

值得一提的是，米開朗基羅與葛蘭納契在此時結識，並成為終生好友。後來米開朗基羅承接代表作西斯汀禮拜堂的天棚畫時，將底稿轉印到天花板的苦差事，就是由葛蘭納契負責進行的。由此可以看出米開朗基羅對葛蘭納契的信任。

吉蘭達約在托爾維博尼禮拜堂的聯作中其中一幅《瑪利亞的誕生》，把場景設定在富麗堂皇的文藝復興宮廷內，聖安妮（瑪利亞的媽媽）虛弱無力地躺在床上，一名女眷抱著新生兒瑪利亞，而助產士則在一旁為嬰兒準備洗澡水。畫面左方，一名雍容華貴的婦女正領著一群仕女走向透視點的中心。

除了聖家族成員，畫中的婦女全都是現實生活中的新富權貴，她們不僅出現在神話故事的畫作，也開始在宗教畫中露臉，而且經常反客為主，取代了聖徒的地位，成為大眾討論的焦點，在當時的佛羅倫斯可說是新趨勢的時尚潮流。

吉蘭達約在這一系列的溼壁畫聯作中，運用了建築設計的「透視法」——在平面上，架構具有景深的三度空間。畫中人物的位置與姿態，皆透過數學比例的精確計算，而變得結實穩固，表現出像是古典雕塑般的「厚實感」和「存在感」。與此同時，仍保有晚期哥德風格的復古餘韻，因此畫中的人物，也都像是剛從古羅馬神龕裡走出來般莊重樸實。

但是《瑪利亞的誕生》中最吸引我的，是畫中房間牆頭浮雕風格的飾帶繪畫，一群結實顢頇的小朋友，煞有介事地捧著花環、樂器與酒甕，像是剛參加完狂歡派對般慵懶閒散，帶著些許逸樂的放縱。藝術史家一致推斷，這群小朋友應該是少年米開朗基羅的作品。雖然沒有直接證據，不過的確很像米開朗基羅的特色之一：對肉體的歌頌與深度迷戀。

師徒之間明爭暗鬥

吉蘭達約與少年米開朗基羅之間的關係如何？向來是藝術史上有趣的話題。文藝復興時期的佛羅倫斯是「藝」與「術」的伸展台，更是充滿心機與算計的名利場，即使是師徒之間，

也免不了明爭暗鬥。有些文獻把吉蘭達約寫成嫉賢害能的大壞蛋，他將弟弟大衛送到法國，說好聽的是學藝，其實是怕弟弟危害到自己在畫壇的地位。

其實吉蘭達約訓練米開朗基羅，不僅分文未收，反倒和他簽了三年約，並且逐年調高付給米開朗基羅的津貼，一共付給他二十四個弗羅林（相當於今天新台幣十一萬元左右），可見吉蘭達約待他不薄。但是，米開朗基羅在其門下習藝才剛滿一年，就被送到聖馬可學苑學習雕刻也是事實，到底是米開朗基羅喜歡雕刻更勝於繪畫，或者是出於吉蘭達約居心叵測的算計，我們無從得知。

根據孔迪維（Ascanio Condivi）[1]的說法，吉蘭達約習慣先用炭筆或銀尖筆起草，然後弟子們再臨摹老師的底稿作畫。米開朗基羅為了維奇奧宮的案子，向老師借畫本研究，但被眼紅的吉蘭達約一口回絕，從此兩人心生嫌隙，至死不相往來。到了一五一二年，米開朗基羅為其在西斯汀禮拜堂代表作《創世

1. 米開朗基羅的助手，後來還幫他寫了傳記。

紀》揭幕時，世人終於揚棄了吉蘭達約的纖麗風格，投向強烈的米開朗基羅風格。在此同時，吉蘭達約的兒子卻跳出來宣稱，米開朗基羅所有的成就都應歸功於他父親，但根據孔迪維的說法：「吉蘭達約的訓練，對米開朗基羅毫無助益。」

聖馬可學苑嶄露頭角

不過可以確定的是，少年米開朗基羅在聖馬可學苑才開始嶄露頭角。聖馬可學苑是一座由麥迪奇家族贊助的人文藝術學苑，與其說是學校，我認為它更像是圖書館與園林的結合。當時麥迪奇的大家長是羅倫佐．麥迪奇（Lorenzo de' Medici），同時代的人以「偉大的羅倫佐」（Lorenzo il Magnifico）稱呼他。

西元一四六九年，羅倫佐成為佛羅倫斯的統治者。與他的父執輩不同的是，羅倫佐對國際金融、財務會計沒那麼在行，但對花錢可說是相當有一套。羅倫佐不僅是出色的政治家、外交家、藝術贊助者與人文學者，在文化的追求上，整個十五世紀可說是無人能出其右！

雖說羅倫佐是慷慨的贊助者，但卻不是品味出眾的潮流先鋒。對於麥迪奇家族來說，藝術是為權力與財富服務的工具。看看波提切利的《三王來朝》（Adorazione dei Magi），「國父」科西莫．德．麥迪奇跪在瑪利亞前，畢恭畢敬地伸出雙手，準備接下新生彌賽亞，

偉大的羅倫佐

波提切利《三王來朝》

那充滿自信與驕傲的眼神，實在很難讓人覺得他是一位心懷懺悔、虔敬無私的奉獻者。

也難怪藝術史家亞歷山大·李在《醜陋的文藝復興》就毫不客氣地指出：「富商小心翼翼地展現自己在公眾事業與畫中的形象，透過藝術虛偽地將自己裝扮成德行高尚的共和國公民。」

花園雕刻家

除了贊助前衛大膽的新藝術，十五世紀的佛羅倫斯也沉溺於古典時代（古希臘城邦崛起到羅馬帝國滅亡）的哲學、文物與藝術的追求，尤其對古代雕像的蒐羅，有難以言喻的執著。通常擁有雕像的富商貴族，不會把它擺在室內，而是放置於開放式的花園裡，提供每個人對時間與空間的想像。看似陳舊復古，但卻是當年最時尚的空間設計概念。

而在諸多花園中，要以麥迪奇家族設在聖馬可廣場對面的利卡第宮花園最受矚目。這座花園之所以能夠聲名遠播，不僅是因為園中的收藏，更要歸功於那位經常蹺文法課，喜歡到街頭畫畫，或是溜進別家花園素描的年輕小伙子米開朗基羅。

當時羅倫佐的門客都稱少年米開朗基羅為「花園雕刻家」。在這裡，少年米開朗基羅擁有偉大的夢想，他決心把這座花園中飽受雨雪風霜的牧神頭像，以他的方式重現世人眼前。根據孔迪維的說法：偉大的羅倫佐第一眼看見這件作品時，少年米開朗基羅正在為它拋光。羅倫佐對這位少年細膩的手藝驚為天人，唯一有意見的是，年邁的牧神居然有一口整齊的牙齒。羅倫佐對米開朗基羅說：「到了這個年紀，總是會缺幾顆牙吧！」

求好心切的米開朗基羅二話不說，立刻上前敲斷牧神的牙齒，甚至不惜在牙齦上打洞。少年米開朗基羅對藝術的追求是如此堅定果決，讓羅倫佐印象深刻，當下邀請米開朗基羅成為麥迪奇家族的座上賓客。每次用餐，總是讓少年與當時最著名的學者、藝術家、詩人們同桌，讓他置身於新柏拉圖主義的菁英中，有機會汲取當代最前衛的觀念思潮。

身而為人，本身就是奇蹟

在這群閃耀的群星中，真正讓少年米開朗基羅心醉神迷的，是著名的哲學家米蘭多拉（Giovanni Pico della Mirandola）。他以「人」為核心所撰寫的《論人的尊嚴》（Oratio de hominis dignitate），清楚劃分了無明蒙昧與開明理性的兩個世界：

利卡第宮花園

亞當　我創造了你
沒給你特定的居所
也沒給你特定的形體
更未為你的所做所為　設下限制
你儘管依你的意志　成就自我
我把你交給自己

我將你放在世界中心
讓你能夠看遍　世間的事物
我沒有把你塑造為神聖或平凡
我所給你的生命　既不短暫　也不是永恆

米蘭多拉

你有選擇　有尊嚴
可以隨一己之好　化成你所想要的任何模樣
你有權利　放任自己成為野獸
但是
你也可以藉由智慧　在自我批判中脫胎換骨
超凡入聖　開創自己的偉大……

米蘭多拉最了不起的，是他在時空的框架局限之下，還能有如此超越而精準的批判。

每當我走過烏菲茲美術館中庭，路過米蘭多拉的雕像，總是忍不住為他多佇足停留片刻。我心儀米蘭多拉面對世界那不卑不亢的溫和謙沖，他沒有將「人」的定位無限上綱、自我膨脹到否定「造物主」的存在，也沒有貶抑自我，卑微地在上帝面前自慚形穢。

米蘭多拉清楚明白地告訴我們：身而為人，本身就是恩賜，就是奇蹟。我們擁有理性與自由意志，命運是可以超越外在制約，掌握在自己的手中。人之所以偉大，是因為可以選擇，而不是能力。米蘭多拉對現世人生意義與美好的肯定，成為文藝復興人文主義的時代精神，更預告了啟蒙時代的理性主義、十九世紀的浪漫主義，與二十世紀存在主義的出現。這位年輕岸偉、優雅俊逸的人文學者肯定讓少年米開朗基羅傾心不已，更對他往後的藝術生命帶來深刻的影響。

相對於米蘭多拉給米開朗基羅精神面的提升，另一位帶給他巨大影響的，則是皮耶托・托里吉亞諾（Pietro Torrigiano）。托里吉亞諾與米開朗基羅曾一起在貝托多（Bertoldo di Giovanni）的手下學習，他們時常一起臨摹多那太羅與馬薩其歐的作品。今天收藏在西班牙塞維爾國立美術館（Museum of Fine Arts of Seville）的聖傑諾姆，我們仍可以看見一位熱情如火、才華洋溢的年輕雕刻家，已經準備好將生命歷練化為聖潔的信仰，把世間的滄桑投注於藝術的奉獻。

傳記作家瓦薩里在《藝術家列傳》中也寫到托里吉亞諾和米開朗基羅的逸事：兩人雖然膩在一起，少年托里吉亞諾對米開朗基羅的才華十分嫉妒，兩人總是口角不斷，從意見不合到拳腳相向，終於有一天，托里吉亞諾打斷了米開朗基羅的鼻子，成為米開朗基羅一生不可磨滅的印記。

不過根據托里吉亞諾自己的說法，恃才而驕的少年米開朗基羅，對同學總是毫不留情地冷嘲熱諷，同學們對於他的刻薄總是忍氣吞聲。終於，忍無可忍的托里吉亞諾出了重手，「不小心」將米開朗基羅的鼻梁打碎。托里吉亞諾甚至得意地告訴切里尼：「我感覺到骨頭在我的拳頭下像餅乾一樣地粉碎……米開朗基羅將帶著這恥辱的印記到墳墓……」切里尼完全不能接受托里吉亞諾對偶像的攻訐誣衊，因此嚴正拒絕了托里吉亞諾的重金邀請，一同到英格蘭為亨利八世效命。

事後，麥迪奇的羅倫佐對這起暴力衝突十分不滿，尤其是米開朗基羅所受到的傷害，讓他心疼不已。托里吉亞諾因而被驅逐出境，當了一陣子的傭兵後，才回歸創作領域。托里吉亞諾自始至終都不能妥善控制火爆的壞脾氣，人生走到最後，甚至身陷囹圄，相傳他因為不滿意客戶所付的酬勞，甚至不惜把自己雕塑的聖母瑪利亞敲壞，對於保守的西班牙來說，毀壞宗教雕塑可是罪無可赦，以至於托里吉亞諾最後老死在牢獄中。

少年米開朗基羅的天才

從此，米開朗基羅帶著被提升的心靈與顏面無可修復的殘缺，走進了文藝復興的偉大之中。一方面，我們可以在《聖殤》、《大衛》與《創世紀》中，窺見米蘭多拉「以人為本」的精神遺產。另一方面，米開朗基羅悄悄地將自己哀傷的眼神與塌陷的自卑繪入畫中，在《創世紀》裡，米開朗基羅將自己畫成眉頭深鎖的先知，在《最後審判》裡，米開朗基羅把自己刻印在聖巴托羅繆手中那張空盪盪的人皮上，彷彿看盡人世的冷落不平後，悲傷而疲倦的面容。

即便米開朗基羅真的完成了傳說中的牧神頭像，這件作品也早已在歲月無情的浪潮中消失。但仍有兩件存世作品能讓我們窺見少年米開朗基羅的天才，一件是在佛羅倫斯的伯納羅蒂之家（Casa Buonarroti），閃耀母性光輝的《階梯上的聖母》（Madonna della Scala），瑪利亞像是古羅馬神殿中尊貴的天后朱諾（Iūno）或古埃及女神伊希斯（Isis），坐在台階上，散發明亮又神秘的異國情調。

不過，真正讓我留下深刻印象的，是瑪利亞秀緻的臉龐，以及小耶穌糾結強健的背肌。柔軟與剛毅、成年與新生、力量與馴服，即使只是一件小品之作，卻能帶給觀者充滿衝突與對比的美感體驗。

六年後，精益求精的米開朗基羅將《階梯上的聖母》的思想底蘊拓延成另一件作品。為人母的瑪利亞娟秀依舊，而且隨著時間的洗練，她的美更加超凡脫俗，體溫漸冷的耶穌則變得脆弱，喪子之痛是為人母不想碰觸的現實，米開朗基羅把哀矜化為永恆，《聖殤》之美是不可企望的永恆，死亡竟可以如此優雅，如此令人心動，也令人心碎。

米開朗基羅《階梯上的聖母》

理性與熱情的逆戰

另一件則是彌漫著雄性暴力與殺戮的《人馬族之戰》（Battle of the Centaurs）。創作主題則來自奧維德的《變形記》（Metamorphoseon libri）與赫希俄德的《神譜》（Theogony）。人馬族是神話中的怪物種族，嗜血好戰、狂暴易怒且荒淫無度。最有名的故事，就是拉庇泰人與人馬族之間的糾葛。

傳說在希臘中部的色薩利地區，這兩個種族經常打仗，長久下來，拉庇泰人也想和人馬族和解，於是拉庇泰人邀請人馬族參加國王的婚禮。婚禮本來在歡樂的氣氛中進行，沒想到貪杯的人馬們三杯黃湯下肚後開始喧譁鬧事，而且還想搶走新娘。一場意料之外的殘酷殺戮就此展開！

賓客之中，有許多是神話中的英雄。站在戰鬥最前線的是殺死米諾陶洛斯的鐵修斯（Theseus），這些半人半神們赴宴時不帶武器，所以除了赤手空拳與人馬族搏鬥外，宴會上的東西，像是沉重的酒甕、點燃乳香的銅鼎、桌椅……都成了打鬥的兵器。英雄們先是一步步向野蠻的人馬族進逼，趕出宴會大廳，到了廳外，戰鬥持續進行。這時，希臘的英雄都拿到武器，並用盾牌掩護進行戰鬥了。人馬們也不是省油的燈，以蠻力將大樹和石頭憑空拔起，向英雄們砸來。在英雄們奮力抵抗之下，人馬族的屍體漸漸堆成血肉的山丘，越積越高。最後，抵擋不住攻勢的人馬族落荒而逃，從此躲進了岩石山的密林裡，再也不出來了。

米開朗基羅《人馬族之戰》

《人馬族之戰》不僅僅是人類與半人馬之間的戰鬥，對於文藝復興的人們來說，這個神話故事有其獨特的寓意。在柏拉圖討論「愛」的篇章《斐德羅篇》（Phaedrus）中，把驅策靈魂向前的動能，區分為代表勇氣與道德的白馬，以及慾望與非理性的黑馬，而「這匹黑馬必須時時刻刻受到管束，以免牠脫離日常的軌道」。經過中世紀漫長的沉默之後，新柏拉圖主義的浪潮像海嘯般席捲了佛羅倫斯，各個階層都為柏拉圖的哲學心醉神迷。「愛情不是慾望，愛情是神聖的迷狂」，如此的浪漫，滿足了大眾的想像，就在新柏拉圖主義盛行的同時，藝術家們也相繼投入創作的行列。

最有名的例子，包括了皮耶羅（Piero di Cosimo）的《半人馬戰爭》（La battaglia dei Centauri e dei Lapiti）

及波提切利的《雅典娜與半人馬》（Pallas and the Centaur），尤其是神話寓言大師波提切利，將文明理智與野蠻縱欲，轉化成具象的雅典娜與半人馬，這是文藝復興藝術的經典手法——由顯而易見、簡單明瞭的人物，指涉形而上的概念，用理性降服無明，是新柏拉圖主義最主要的哲學觀點。熱愛米蘭多拉人本觀點的少年米開朗基羅，自然對半人馬的神話寓意有深刻體會。

十七歲的米開朗基羅所創作的《人馬族之戰》，是理性與熱情之間的逆戰。如果我們以十九世紀嚴苛的藝術評論出發，這件浮雕的背景不僅過於扁平，人物的肢體伸展也有點放不開。但如果放下這些驕矜評論，我們自然會發現這是一件情感激昂的作品，少年米開朗基羅在畫面中央營造一片翻騰澎湃，讓人聯想到古印度史詩《摩訶婆羅多》裡的場景「翻騰乳海」，諸神與羣魔為了爭奪永生不死的仙露，不惜將世界化成洪荒混沌的修羅戰場。少年米開朗基羅所呈現的，正是那份計無可施的混

皮耶羅《半人馬戰爭》

亂，拉庇泰人與半人馬手中所拿的石塊，直接衍生自背景，對戰兩方交錯的投擲，營造不見刀光劍影的殺意。

即使是激越的戰爭場面，少年米開朗基羅仍是中規中矩地遵守學苑裡教授的網狀格線，這種方式能讓畫面中的人物空間符合數學原則與解剖學比例，不過少年米開朗基羅在交疊的形體下所賦予的豐沛動能，讓痛苦掙扎的人物彷彿就要破網而出。而我們的視線，也順著浮雕的肢體線條曲折蜿蜒，緩緩掃過全景，深深地被米開朗基羅式至陽至剛的感性所吸引。

未完成，也是一種完成

後來，有許多藝術史研究都在探討《人馬族之戰》究竟完成與否，但對我而言，未完成並不是那麼重要。就像舒伯特在一八二二年開始創作《第八號交響曲》，直到一八二八年病逝前都沒有完成這首曲子，但其藝術性已臻至完美。儘管有所遺憾，但並不會減損音樂本身的藝術價值，也就是由音符所傳達出「對美的堅持」，與「對真的執著」。

的確，就當時的米開朗基羅而言，他確實有能力完成這件作品，但當時他的贊助者——偉大的羅倫佐於一四九二年四月九日逝世。隨著羅倫佐的殞落，佛羅倫斯黃金時代也宣告結束，《人馬族之戰》隨之沉寂，直到被我們看見。

我總覺得米開朗基羅已經完成這件作品了。就我所知，《人馬族之戰》是藝術史上第一件以粗鑿方式完成最後表面的作品，也是藝術史上第一件特別以「未完成」（Non Finito）技法來稱呼的作品。

回溯藝術家的創作歷程，可以讓我們更深入瞭解藝術品的前世今生。《人馬族之戰》不僅是少年米開朗基羅的初試啼聲之作，更是預告米開朗基羅時代降臨的野心之作。翻閱米開朗基羅的作品，真正讓我驚異感歎的，反而不是那些「已完成」的，而是那些「未完成」的速寫草稿。米開朗基羅在素描中，都會大膽地嘗試風格迥異的肢體變形。在《卡西納之役》、《創世紀》與《最後審判》等名作中，也都運用了類似的手法，來呈現人在面對戰爭、災變與末日天譴時的無助、狂亂與惶惑不安。

那一年，少年米開朗基羅透過《人馬族之戰》在藝術界嶄露頭角，舊世界卻在他的周圍分崩離析，等待這位年輕人的，是更加嚴峻的未來。

米開朗基羅／伏泰拉繪

CHAPTER · 3

通往文藝復興的天堂之門

充滿故事的城堡

在佛羅倫斯舊城區東側，市中心主教座堂區與聖十字區的過渡地帶，有一座看似城堡的古老建築。斑駁的石牆以巨大粗糙的岩塊堆砌而成，雖然外觀色調溫暖可親，建築本身卻有一段恐怖的過往。

佛羅倫斯的歷史，本身就充滿了黑暗與血腥。各方政治勢力在此交鋒，因此兵連禍結，市井小民只能默默吞下動亂的苦果。對外，周圍城邦總是虎視眈眈地覬覦佛羅倫斯的豐腴富饒。對內，效命羅馬教皇的吉伯林派（Ghibellines），與忠於神聖羅馬帝國皇帝的歸爾甫派（Guelphs）彼此之間鬥爭不休，常因為意見不合而兵戎相見，也讓凶殺與死亡成了街頭常態。為了調解敵對派系的衝突與維持和平，還特別設置了波德斯塔（Podesta，最高執政官）這樣的職位。

西元一二五五年，此建築剛落成時，原來是市政廳的所在地。而後成了波德斯塔的官方辦事處，接下來幾個世紀，這棟建築的用途多半與法政有關。到了十四世紀初，它成為處決罪犯與政敵的所在，必要時還將受刑人的屍體曝吊在外，陳屍示眾。到了麥迪奇家族掌權時，這裡成為家族私人衛隊的駐紮所在，這批人的領袖被稱為「警察總長」（Bargello），也就是這棟建築的名稱由來——巴傑羅。

今天，國立巴傑羅美術館（Museo nazionale del Bargello）是全世界最出色的藝術寶庫之一，也是佛羅倫斯近六百年收藏最完整的雕塑博物館。它囊括了來自中世紀、文藝復興、矯飾主義等不同時期的精采之作。大部分的旅客來此，都是想一睹多那太羅的《大衛》與米開朗基羅的《酒神巴克斯》。

米開朗基羅《酒神巴克斯》

不過，我更感興趣的是上層涼廊西側的兩塊青銅鑲板。它們的背後隱藏了一段人性糾葛的過往、一項佛羅倫斯歷史悠久的社會傳統與一場精采絕倫的藝術對決。

鑲嵌在青銅板的秘密

時間回到一三四八年，佛羅倫斯爆發了一場恐怖瘟疫。此瘟疫的恐怖之處在於能快速奪走人的性命，慢則兩週，快在十二個小時之內。而且，在接下來將近兩百年的歲月裡，這種恐怖瘟疫，成為佛羅倫斯最忠實的訪客，平均每十年就大流行一次，佛羅倫斯分別在一三六三年、一三七四年、一三八三年，以及一三九〇年都有不同程度的疫情爆發，而且，總是發生在夏天。

中世紀對預防醫學的認識是相當貧乏的，為了預防或治療，他們甚至發展出各種怪招，例如：把生胡椒、荳蔻、丁香及迷迭香塞到自製的防毒面具，防止「髒空氣」的汙染；把街上的流浪貓狗撲殺殆盡；施放類似沖天炮的火器在空中「燒掉髒空氣」；將教堂的聖像、聖人的遺骸抬出來遊街遶境；乃至於迫害市區內的猶太人，將他們放逐到荒山野嶺裡自生自滅。

當疫情越發嚴重，有錢的貴族只好逃到鄉下避難（薄伽丘的《十日談》就是發生在這樣的場景），留在城市的平民，只好在家裡燃燒杜松、苦艾與薰衣草來「淨化」空氣，甚至焚燒會產生惡臭的硫磺、煙煤與牛角。由於這樣的濃煙實在太猛烈，連樹上的鵲鳥、麻雀也被嗆死。

多那太羅《大衛》

皮薩諾的聖喬凡尼洗禮堂青銅大門

最嚴重的一次發生在西元一四〇〇年的夏天，有高達一萬兩千多名市民死於瘟疫大流行，占五分之一的佛羅倫斯人口。為了安撫憤怒的聖靈，市政議會通過法案預算，由布商公會監督，重新鑄造聖喬凡尼洗禮堂的青銅大門，祈求苦難盡快結束。西元一三三〇年至三六年間，雕塑家皮薩諾（Andrea Pisano）便曾為這座洗禮堂鑄造一系列青銅飾板，以佛羅倫斯的主保聖人「施洗者約翰」的一生為主題，總計共二十幅，就鑲嵌在洗禮堂的南門。之後很長一段時間，洗禮堂被遺忘在歷史的風雨中，再也沒有任何整修工程。

西元一四〇一年，為了躲避黑死病而出逃的布魯內列斯基，一聽到市議會開放洗禮堂大門競圖[2]的消息，立刻放下手邊正在進行的案子，日夜兼程地趕回佛羅倫斯。市議會十分重視洗禮堂大門新飾板工程，特別從佛羅倫斯不同階級、行業選出三十四名代表擔任評審。其中包括新崛起的富商喬凡尼．麥迪奇（Giovanni di Bicci de' Medici），這位新興的銀行家是麥迪奇王朝的創始人，未來「國父」科西莫．麥迪奇的父親，也是「偉大的羅倫佐」的曾祖父。

喬凡尼可說是跨國經營的先驅。他以佛羅倫斯最賺錢的羊毛業與染色業為基礎，在托斯卡尼各地廣設據點。在他的積極努力下，麥迪奇家族銀行分行迅速遍布整個北義大利城邦。西元一四一〇年，喬凡尼精準地將大筆資金投資在教宗回歸羅馬的相關事務上，結果麥

2. 根據古希臘史家的記述，早在西元前四四八年的雅典衛城，執政團為了興建希臘城邦擊敗波斯的戰爭紀念碑，公開舉行一場競圖大賽。此後，建築師、藝術家們便開始了爭先恐後、拿著自己的草圖模型甄試，並勾心鬥角的漫長歷史。

迪奇家族押對寶。日後，為了答謝喬凡尼的幫助，繼任的教宗與樞機主教們都委託麥迪奇銀行經營自己的資產，同時喬凡尼還取得包稅合約，以及染色需要的明礬礦經營權。

喬凡尼的活耀，讓麥迪奇家族晉身歐洲最富有的家族，也逐漸在文化和政治領域嶄露頭角。而聖喬凡尼洗禮堂青銅大門的案子，正是麥迪奇家族發揮其文化影響力的開始。

舊約聖經最恐怖的一章

當時的比賽規則很簡單，每位參賽者會拿到四片總重三十四公斤的青銅片，競圖時間為期一年，參賽者必須在期限內完成寬三十三公分、長四十三公分的作品，創作由評議會指定的主題：舊約聖經〈創世紀〉中，先知亞伯拉罕將獨子以撒獻為燔祭的故事「亞基達」（Akeda）。亞基達的意思是「捆綁以撒」，我認為這是舊約聖經最恐怖也最精采的一章，它以希區考克的懸疑手法，去述說人類面對考驗時的不安、恐懼與焦慮。

舊約聖經〈創世紀〉記述了猶太教、基督教與伊斯蘭共同先祖亞伯拉罕的故事。提到亞伯拉罕，腦海中總忍不住浮現一百多年前美國西部拓荒，或是唐山過台灣冒險渡過黑水溝，孤身在異鄉開拓新生活的艱辛歷程。

生活在不安與生死邊緣，一生敬神的亞伯拉罕與妻子撒拉年逾花甲卻膝下無子。歷經重重考驗，上帝答允亞伯拉罕賜給他兒子，讓亞伯拉罕的子孫「像天上的星星一樣地數不清」。幾年後，亞伯拉罕先和女僕夏甲生下庶子以實瑪利，後來以實瑪利搬去了阿拉伯半島，成為阿拉伯人的祖先。緊接著撒拉也生下嫡子以撒，夫婦兩人晚年得子，對以撒呵護備至。然而，上帝卻在此時出了一道難題，考驗亞伯拉罕的信仰夠不夠堅定。

一天，上帝在亞伯拉罕面前現身，要他帶著心愛的兒子一起到摩利亞山峰頂，然後把兒子殺死，焚燒他的屍體獻祭。

歷經天人交戰，第二天老亞伯拉罕帶著兒子與兩名僕人前往摩利亞山。在前往山頂的三天路程中，一行人完全沉默，沒有任何交談。當舉目遠遠地可以看見「那地方」時，亞伯拉罕請僕人留下來看守驢子，自己則帶著兒子繼續前行。

（上）喬凡尼．麥迪奇
（下）亞伯拉罕獻以撒／梵蒂岡博物館

「亞伯拉罕把燔祭的柴放在他兒子以撒身上，自己手裡拿著火與刀，於是兩人同行。」每次讀到這裡，我都覺得十分恐怖。一名隱約知悉厄運將至的兒子，還有一位即將對兒子執行死刑的父親。沉默了三天之後，以撒開口了：

「父親哪！」

「我的孩子，我在這裡！」

我可以想像，心痛的父親面對即將死別的兒子，內心有多麼淒楚。

到了神指示的所在後，亞伯拉罕在那裡「築壇，把柴擺好，捆綁他的兒子以撒，放在壇的柴上」。正當手起刀落之際，天使出現了，及時阻止這場殺戮。亞伯拉罕再次向上帝證明，自己對信仰的忠誠。

在神學上，這則故事被視為耶穌被釘上十字架的預示：總有一天，會有一名殉道者，以無罪之身犧牲，以生命來清洗大地上所有的罪。而對於十五世紀的佛羅倫斯市民而言，「亞基達」則具有更深一層的意義：城市在內憂外患之際仍能奇蹟獲得救贖。在千鈞一髮的時刻，當虔誠的人民通過上帝的考驗，天使會下凡拯救人民於水火之中。這是宗教信仰的篤定忠貞，也是命運的投機僥倖。

青銅製作煞費苦心

乍聽之下，或許會覺得用一年的時間，完成這樣小尺寸的作品好像很容易。其實鑄模鍛造的過程相當繁複費時，藝術家波拉約洛花了九年的時間，才完成教皇思道四世（Pope Sixtus IV）的青銅棺蓋。而達文西的老師、大藝術家維洛其奧與他的工作團隊則耗費了十五年的光陰，才將巴托洛梅奧．科萊奧尼將軍的青銅騎馬塑像鑄造完成。

巴托洛梅奧．科萊奧尼青銅騎馬塑像

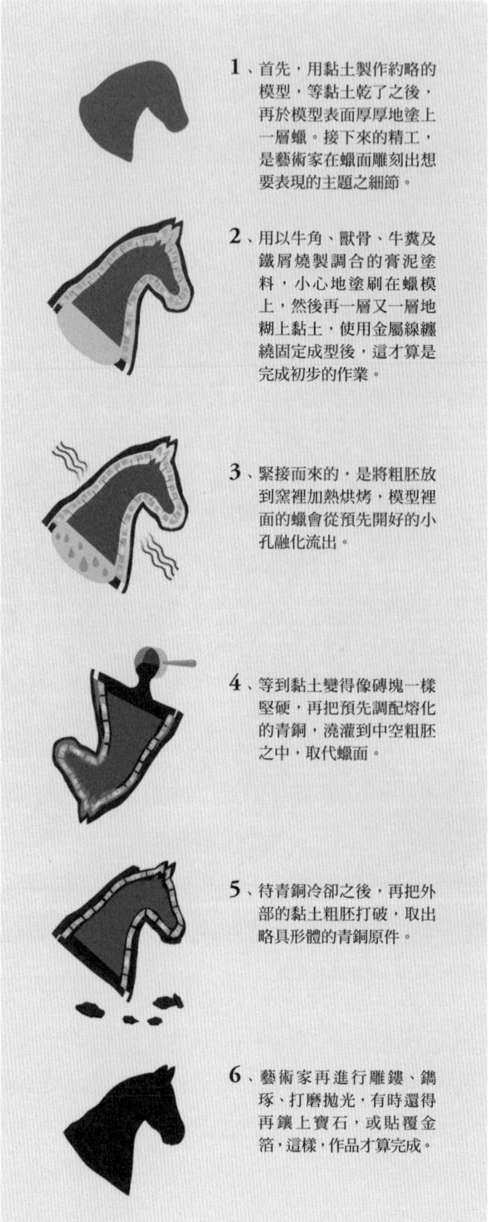
1、首先，用黏土製作約略的模型，等黏土乾了之後，再於模型表面厚厚地塗上一層蠟。接下來的精工，是藝術家在蠟面雕刻出想要表現的主題之細節。
2、用以牛角、獸骨、牛糞及鐵屑燒製調合的膏泥塗料，小心地塗刷在蠟模上，然後再一層又一層地糊上黏土，使用金屬線纏繞固定成型後，這才算是完成初步的作業。
3、緊接而來的，是將粗胚放到窯裡加熱烘烤，模型裡面的蠟會從預先開好的小孔融化流出。
4、等到黏土變得像磚塊一樣堅硬，再把預先調配熔化的青銅，澆灌到中空粗胚之中，取代蠟面。
5、待青銅冷卻之後，再把外部的黏土粗胚打破，取出略具形體的青銅原件。
6、藝術家再進行雕鏤、鐫琢、打磨拋光，有時還得再鑲上寶石，或貼覆金箔，這樣，作品才算完成。

（米習繪）

青銅鑄模的每個環節都充滿變數與風險，一個小疏失就會讓藝術家數年的心血付諸流水。因此，古代的青銅工藝家在澆鑄青銅像前，都會到教堂裡祈福，祈求澆灌過程平安順利。

過去，我也曾經嘗試過青銅澆灌鑄模，過程高度仰賴純熟精湛的手藝與豐富的實務經驗。現場製作時，會發現它可能出現層出不窮的失誤，對時間與溫度變化判斷的極小落差，都可能導致災難性的後果。光是黏土模型的製作，就涉及水分是否完全乾燥，烘烤過程稍有不慎，就會產生難以注意到的小裂縫，在澆灌過程中，極有可能變成嚴重的龜裂。青銅澆灌的溫度也要拿捏得宜，稍一不留神，還沒完成青銅就會先行凝固，這樣只得全部打掉，從頭來過。

即使青銅澆灌鑄模的過程繁瑣，所有初選作品都必須在期限之內完成。經過三十四名評審委員的審慎討論，最終只有兩件作品進入決選，初露鋒芒的布魯內列斯基，對上了初出茅廬的吉伯提，一場暗潮洶湧的漫長競爭就此展開。

吉伯提與布魯內列斯基的終極對決

洛倫佐・吉伯提（Lorenzo Ghiberti）是位極具手段與心機的年輕匠師。他稚嫩、沒沒無名，沒接過重大委託，甚至連雕刻與金匠公會也沒有吉伯提的正式會籍。洛倫佐的父親巴托路奇歐・吉伯提（Bartoluccio Ghiberti）是當時小有名氣的金匠。金匠可說是中世紀工匠裡的貴族，能提供的服務相當多樣化，舉凡用金箔裝飾手稿、鑲嵌寶石、製作琺瑯、鐫刻器具、鑄造塑像，還能接受客製化的訂單，製作神龕、聖物櫃、墓碑等各式各樣的物品。佛羅倫斯人才輩出，藝術菁英如維洛奇歐（Andrea del Verrocchio）、羅比亞（Andrea della Robbia）、多那太羅、烏切羅（Paolo Uccello）、吉蘭達約、達文西與切里尼等，都是從金匠工坊裡受訓出來的。

當小吉伯提年紀稍長，父親便要求他到工坊實習製作金飾耳環、項鍊、鈕釦等小配件。看似簡單的工作，卻是吉伯提最重要的藝術養成。

西元一四〇〇年，黑死病爆發，吉伯提早一步離開佛羅倫斯，前往氣候宜人、景致如詩的亞得里亞海港市里米尼（Rimini）。在這裡，吉伯提反而成為一名溼壁畫畫家，承接了當地最有權勢的貴族卡羅．馬拉泰斯塔（Carlo I Malatesta）城堡壁畫。隔年春天，吉伯提就接到父親要他回到佛羅倫斯參加競標案的訊息：「只要能贏得這次比賽，這輩子就等著吃香喝辣了。」

另一位決選參賽者是菲利波．布魯內列斯基（Filippo Brunelleschi），他的父親瑟爾是一位事業有成、交遊廣闊的公證人。在當時公證人是份有地位、有尊嚴的職業。不過，布魯內列斯基對擔任公僕卻沒有太大的意願，反而對機械裝置有過人的直覺與天賦。我認為，布魯內列斯基大概是受到離家不遠、尚未完成的大教堂工地所啟發。這類工地總是有許多異想天開的奇怪裝置，雲梯、起重機、吊臂、機動式工作檯，每一樣都讓少年布魯內列斯基流連忘返，激發他無限的想像。因此，當布魯內列斯基十五歲時，瑟爾尊重孩子的選擇，讓他到金匠工坊當學徒。

五百年前，金匠的收入雖然不錯，但每一分都是血汗錢。首先，在準備材料時，為了要熔化金、銀和青銅，光是爐子就要燒個好幾天，金匠們被迫待在高溫悶熱的環境裡工作，而在鐫刻及製模的過程中，不時會燃燒出有毒的硫化物及鉛。長時間下來，對健康有很大的影響。

此外，金匠工坊的所在又常設於娼妓、乞丐、貧民與外邦難民龍蛇混雜的聖十字區。雨季來臨時，附近的亞諾河往往氾濫成災，淹水往往高達兩、三公尺。中世紀的金匠們常在這種惡劣、不舒服的環境下工作與生活。

雖然布魯內列斯基與吉伯提年紀差不多，專業也相去不遠。不過事實證明，吉伯提是比較有心眼的那個人。在競賽期間，吉伯提積極地與評議會裡的藝術家及雕刻家拉好關係，並邀請這些評審到自己工作的工場觀摩，徵詢他們對模型粗胚的意見，無論吉伯提手邊的工作進行到什麼地步，只要評審們有意見，他會二話不說，立即打掉從頭再來。甚至還請教聖十字區住民的看法。慢慢地，吉伯提的作品就在眾人的意見中成形了。

反觀布魯內列斯基總是沉默，孤軍奮戰是他一生的寫照。他不僅不善與人溝通，甚至覺得沒有必要交談，不論是在什麼工作之中。不過這也讓布魯內列斯基獨占許多專利權，

（上）吉伯提
（下）布魯內列斯基

天堂之門的決選競圖鑲版。（左）布魯內列斯基：人物形態古拙，具歌德風，捕捉靜止的瞬間。（右）吉伯提：運用渲染法與透視法，製造出驚心動魄的戲劇張力。

像是製作運輸貨船、起重機、吊車等各種專利設計（西元一四二一年，人類史上第一項專利就是由布魯內列斯基申請的）。即使是最親近的人，他也是三緘其口。這種不輕信人的性格是發明家的共同特質，因為在文藝復興之前，發明家的設計及構想都是以密碼的形式編寫，目的就是防止他人抄襲。不幸的是，布魯內列斯基所擔心的事，日後都成真。不過這是另外一個故事了。

終於到了決選的日子，佛羅倫斯的市民之間展開了激烈討論。首先是布魯內列斯基的嵌板，他所設計的場景以中心為主，分割成上下兩個部分，故事的重心集中在上層，天使自左方降臨，人物形態古拙，有國際哥德風格的影子。吉伯提的人物舉手投足則更為流暢、優美，質地明亮，細部處理細膩而真實，吉伯提把繪畫中渲染的技巧帶入構圖，利用浮雕的凹凸深淺及透視法，重現人物的關係位置、視覺深度，營造出空間的錯視感，讓人物與背景達到完美的協調。

布魯內列斯基的創作，是捕捉靜止的瞬間。而吉伯提追求的，則是驚心動魄的戲劇張力。更重要的是，吉伯提使用的材料比較少，而且鑄造的方式是一體成型的，與布魯內列斯基分別鑄造再組裝的方式很不一樣。

最後這三十四位評審的決議很有意思。藝術史的研究有兩種不太一樣的說法。第一個是「全體毫無異議」地一致贊成，吉伯提贏得這項委託。第二個則稍稍複雜，因為評審們沒辦法定奪誰的作品比較優秀，再加上委託案的預算與規模太過龐大，兩位藝術家的年紀太輕，使市政府建議讓布魯內列斯基與吉伯提合作。

不過，布魯內列斯基嚴正拒絕了合作的提議，並要求由他個人統籌獨包。就在這項要求被駁回後，布魯內列斯基退出比賽，將案子讓給了吉伯提，而自己終其一生再也不碰青銅雕塑。心碎的布魯內列斯基離開佛羅倫斯，輾轉流浪到羅馬，除了在廢墟之間徘徊留連、做點研究筆記之外，只靠打零工餬口維生，一直到十五年後，布魯內列斯基的人生才會面臨另一項挑戰：完成佛羅倫斯聖母百花大教堂的圓頂，名留青史。

而吉伯提在接下來的二十二年成立了工作坊，全心全意投入洗禮堂青銅大門的製作。如此浩大的工程，自然需要許多助手與學徒的協助，包括多那太羅（Donatello）、馬薩里諾（Masolino）、米開羅佐（Michelozzo）、烏切洛（Paolo Uccello）、波萊烏羅（Antonio del Pollaiolo）……這些日後成為藝術大師的人們，都曾經當過吉伯提的學徒。

吉伯提也重新發現了古羅馬工匠廣泛使用的脫蠟法（Cire Perdute），並創作了許多的青銅作品。不過因為這些青銅作品的厚度大於三公釐（也就是藝術史家說的大於刀口！），利於武器製作。而久經戰禍的義大利半島，在武器物資極度缺乏的年代，人們往往會把青銅雕塑熔掉，製成大砲或槍枝，這也是為什麼吉伯提能夠傳世的作品如此稀少。

無論如何，總重量為十公噸，由吉伯提所完成的聖喬凡尼洗禮堂東門，是十五世紀初期最偉大的藝術傑作！每天在正午之前，陽光會直射這以特殊手法處理的大門，讓它在有「光」的情境下，映照出榮耀明亮的光芒，彷彿這道門的後面，就是流著蜜與奶的應許之地。

也難怪百年以後，米開朗基羅站在前面，也不禁要讚歎它是「Porta del Paradiso」，意思是「天堂之門」。吉伯提的天堂之門，不僅僅是昭告新藝術形式的誕生，更重要的是，開啟這道門後，人類文明就此跨入一個偉大的紀元：文藝復興。

CHAPTER · 4

達文西治水記

亞諾河畔的異象

西元一四九八年春天，航海家克里斯多福．哥倫布正準備第三次航行，目標是比巴哈馬更南方的土地，哥倫布曾經答應過他的贊助者──西班牙的伊莎貝拉一世與費迪南──會在大西洋彼岸找到黃金，讓陷於宗教狂熱的西班牙王國擁有資金，可以發動聖戰，從異徒手中收復耶路撒冷。前兩次美洲之旅的成果只能用差強人意來形容，雖然找到一些金塊與珠寶，卻不能滿足贊助者的期望。

五月三十日，哥倫布率領由六艘快速帆船與兩百名組員的船隊，分成兩組展開第三次美洲探險。在這次探險中，哥倫布船隊發現了千里達島、委內瑞拉，以及南美洲第三大河奧里諾科河（Río Orinoco）的河口，本來還想繼續向南方航行，卻因為內部叛亂，被國王特使以「管理不善」之名解除所有職務並沒收財產。之後哥倫布連同他的兩個弟弟被強行押回西班牙。雖然後來哥倫布獲得釋放，卻失去了所有在新大陸所取得的土地、權力還有財富。

與此同時，在世界的另一邊──義大利佛羅倫斯的亞諾河畔──出現了一種人們從未見過的怪蟲。這怪蟲通體泛著金色光澤，背部浮現人的臉孔，五官清晰可見，怪蟲的頭部有個小小的金環，裡面還有個十字架。佛羅倫斯的市民爭相走告，議論紛紛。因為幾週前，道明會的黑袍修士薩佛納羅拉和另外兩名修士才在市政廳廣場被問絞。他們的屍首從絞刑架上被取下，焚燒成灰後再倒入亞諾河。瘋狂的民眾用鍋子搶著把薩佛納羅拉的骨灰帶回家，還有

在市政廣場被問殺的薩佛納羅拉

人公開販售，宣稱可以治療各種疑難雜症。不久之後，骨灰所經之處，成群的怪蟲出現了，佛羅倫斯人稱它為「吉拉摩弟兄蟲」（薩佛納羅拉的名字即為「吉拉摩」）。

馬基維利擔任國務秘書

佛羅倫斯共和國在處死薩佛納羅拉後，開始一連串的政治肅清。首當其衝的，是歷史悠久的聖馬可修道院。聖馬可修道院由刻苦嚴厲的道明會掌理，正因為薩佛納羅拉曾經擔任修道院院長，因此新政府上台後，許多修士遭到驅逐，就連修道院的鐘也難逃惡劫，從鐘塔上取下後，當眾施以鞭刑，然後丟到城外。

馬基維利

薩佛納羅拉政治上的盟友，也逐一遭到暗殺或放逐，共和國的權力中樞面臨崩潰改組，負責共和國軍事外交的「十人衛」（La Guerra dei Dieci），與司法審理的「八人小組」全都遭到罷免，共和國國務秘書的要職因此空缺。而就在處死薩佛納羅拉不久之後，年輕的學者馬基維利被提名擔任國務第二秘書的要職，這項任命，還是要經過由三千名公民組成的大議會批准才算數。

十六世紀初，佛羅倫斯城內居民大概有五萬人，西元一四九四年城市驅逐麥迪奇家族以後，立即恢復了共和制。以大議會為基礎，由二十九歲以上的佛羅倫斯市民行使公民權，就元老院所提出的法案及官員進行表決。

元老院是由八名元老及一名「正義掌旗官」（Gonfaloniere di Giustizia）負責政治運作，這九名元老再與各種不同的委員會研議，草擬政策。其中所有的文書往來，公文報告、外交條約、官方信函，都由國務秘書負責。

如果就此認定國務秘書的工作很簡單，那就大錯特錯了。從共和國成立以來，國務秘書都是由佛羅倫斯最傑出的文人學者擔任，這些高水準的技術官僚跟中國宋朝的文人政府十分相似。以佛羅倫斯共和國為例，官方正式文件多半以拉丁文來書寫，而且還要在文件中引經據典。當時共和國的第一秘書是精通希臘文與古典文學的亞德里安尼，第二秘書則是新任的馬基維利。當時財政拮据的新政府，為了省錢，常把國務秘書當做外交使節派到國外。馬基維利的工作，就包括了協助「十人衛」的大小事務。既然擔任了這個職位，工作就不會輕鬆，馬基維利也得離開辦公桌、跨上馬鞍，著手處理佛羅倫斯尾大不掉的惱人問題：比薩。

佛羅倫斯與比薩的恩怨情仇

待在佛羅倫斯的日子，偶爾我會搭上火車，以舒緩悠閒的速度，慢慢地晃蕩到比薩。一般人所知道的比薩，是以主教座堂、鐘塔與洗禮堂為主的觀光熱點，比薩的奇蹟廣場（Piazza dei Miracoli）在一九八七年就被列入聯合國教科文組織（UNESCO）的世界文化遺產。來到此地的觀光客大都忙著拍照，或是扶正傾斜的鐘塔（大部分這兩件事都是一起做）。但如果我們能割捨斜塔，離開人聲鼎沸的奇蹟廣場，馬上就能感受「時間」在比薩刻劃的歷史痕跡。前往舊城區的路上，才沒走幾步路，周圍的喧囂嘈雜頓時就被消了音。午后的陽光細細地灑在悠悠長長的石板路上，兩旁都是老人與小孩，小朋友對著石牆踢球，老人家則沉默地倚在門旁，抽菸、發呆，好像在等待什麼事發生一樣。

我真心喜愛比薩老城的一切，透過懷舊的柔焦，讓觸目所及都顯得落寞而滄桑。時光帶走所有的光鮮亮麗，留在原地的，只剩下啞口無語的記憶。長路的盡頭就是亞諾河堤岸，而堤道旁的「棘冠聖母」小禮拜堂（Santa Maria della Spina），是我最喜愛的所在。她的名字來自小禮拜堂內所供奉的耶穌棘冠，這座宛如珠寶盒一樣玲瓏精緻的小禮拜堂，歷經了瘟疫、戰爭、大火、洪水及世人的冷落，哥德式的小尖塔讓她看來日益脆弱而美麗。

比薩在中世紀時曾經是強大富裕的海權國家，城市的優勢來自得天獨厚的地理位置。比薩扼住亞諾河的出海口，正好坐落於第勒尼安海（Tyrrhenian Sea）南來北往的交通要道

奇蹟廣場

旁。比薩的船隊總是忙著支援佛羅倫斯的敵人：路卡、西恩納、聖吉米納諾，還有它自己的對手：西西里島的撒拉森人、熱那亞、阿瑪菲、威尼斯。比薩人為了做生意，真是異想天開，而且無所不用其極，其中最讓人津津樂道的，無非是主教座堂西側的「聖地公墓」（Campo Santo）。

第四次十字軍東征時，比薩人用五十四艘運輸船帶回耶穌受難地「各各他」的土，將它鋪在公墓裡。中世紀的天主教徒相信，一生只要能到耶路撒冷朝聖，就能滌淨靈魂的混濁罪惡，而死後能葬在橄欖山或各各他，就能獲得永生的保證。

比薩的聖地公墓正好符合中世紀對天國急迫熱切的渴望，能下葬在比薩，效果等於葬在耶路撒冷。當時的富商豪族可是花大錢、擠破了頭，也要在這裡攢到一個小小的席位。也因此比薩在短時間內便累積了驚人的財富！比薩人就用聖地公墓的營利收入，建造羅馬帝國滅亡後，中世紀歐洲最高的建築，也就是大家所熟悉的「比薩斜塔」。

佛羅倫斯與比薩之間的恩怨情仇是一部剪不斷理還亂的陳年舊帳。比薩無可比擬的財富、崇高的宗教地位、位居亞諾河關鍵所在，還有對佛羅倫斯根深柢固的仇恨，都讓佛羅倫斯共和國如芒刺在背，欲除之而後快。托斯卡尼地區有句諺語：「寧可在家迎接死神，都不要在門口看到比薩人。」從這句話，就能一窺佛羅倫斯與比薩之間難解的冤債。我常想，或許比薩人也有類似的諺語來形容他們的壞鄰居，只是主詞換成佛羅倫斯罷了。

打從十三世紀開始，佛羅倫斯就積極地對比薩進行文攻武嚇。比薩還真的是被嚇大的，歷經了百餘年的頑強對抗，交戰雙方都耗盡了心力，不過形勢比人強，西元一四〇六年，比薩還是被佛羅倫斯給併吞了。在麥迪奇家族主政時代，偉大的羅倫佐採用懷柔撫靖的政策，倒也相安無事。西元一四九四年，趁法國軍隊入侵義大利爭奪王位的同時，比薩又藉機獨立，扯佛羅倫斯的後腿。所以，共和國新政府的首要之務，就是收回佛羅倫斯最珍貴的資產——比薩。

刀光劍影與金錢遊戲

不過，正如義大利半島大部分的城邦一樣，佛羅倫斯沒有自己的軍隊，幾乎所有的戰爭都要僱用境外的傭兵軍團來打仗。如此奇怪的傳統其實源自於十三世紀，佛羅倫斯與另一個宿敵——西恩納（Siena）之間的軍事衝突。

西元一二六〇年，佛羅倫斯「蒙塔佩蒂之役」（Battle of Montaperti）中慘遭血洗，失去了八千名年輕寶貴的生命。編年史家說，當戰敗的噩耗傳回佛羅倫斯，家家戶戶都傳出哀號哭聲，因為幾乎所有的家庭都有人參戰，也都有人犧牲。這對於正要崛起的商業城市，無論是經濟或文化實力上，都造成無可彌補的傷害。共和國記取了慘痛教訓，在後來的每一場戰爭前，都由佛羅倫斯市民共同出資聘請傭兵，即使敗戰，仍能保存國家的實力（只是錢花得很冈而已）。

不過，這些為了錢打仗的傭兵軍團，很難真正地為僱主賣命。這群人可是出了名的無賴，見風轉舵也見錢眼開。往往戰爭還沒開打，就漫天索價，做事也很會推拖，戰事往往曠日廢時，打敗仗時要撫卹金，打了勝仗又要高額獎金，而且下次約聘的價碼也跟著水漲船高。

不過在這些傭兵將領中，也有值得尊敬的。十四世紀時有一位傭兵軍頭特別受到佛羅倫斯的崇敬。在聖母百花大教堂的北牆上，就可以看見繪畫大師烏切羅（Paolo Uccello）為他所繪的身影，人稱「精明的約翰」（Johannes Acutus），「白色軍團」（Compagnia Bianca）的領導者「約翰．霍克伍德」（Sir John Hawkwood）。

我喜歡烏切羅處理畫面的方式：霍克伍德坐在高大的馬背上，接近青銅的用色及剛

中世紀山城西恩納

硬的線條，刻劃出身為傭兵將領的殘酷好殺、卻又富騎士精神的矛盾性格。

出身英格蘭的霍克伍德，可說是十四世紀後半家喻戶曉的傭兵大師。傳說霍克伍德年輕時，曾經跟著黑王子愛德華（Edward the Black Prince）參加英法百年戰爭，後來離開英格蘭，成為流浪傭兵。接下來的大半輩子，霍克伍德都在義大利打仗，無論是米蘭、帕多瓦、羅馬或者是比薩，誰出錢就為誰賣命。米開朗基羅為維奇奧宮所繪的《卡西納之役》，故事背景就是佛羅倫斯與比薩之間的戰爭，不過那次，霍克伍德是為比薩出征。十五年後的西元一三七五年，他轉而投效佛羅倫斯，往後的軍旅生涯更完全為共和國賣命，為什麼呢？因為佛羅倫斯有錢！共和國政府總是能開出令敵國瞠目結舌的天價，請到最有力的軍事幫手為他們打仗。

文藝復興時期的戰爭，不僅僅是沙場上的刀光劍影，也是複雜的金錢遊戲。當時有種說法，稱不斷高升的財政赤字為Monte Commune，意為「債務山」。為了支付積債如山的財政赤字以及日益龐大的戰爭經費，佛羅倫斯發明了歷史上最重要的金融商品──債券，當時稱為「義務公債」（Forced Loan）。簡單地說，政府向人民借錢、支付利息，持有的民眾也可以變賣債券換取現金，任何鉅額的公共支出，共和國會「強制性」（Forced 也有強迫的意思）地向人民借錢，想當然，人民也很在意錢到底花到哪去了！佛羅倫斯也因為發行公債，籌募經費，共和國擴張領土的過程，才得以積極進行。

IOANNES·ACVTVS·EQVES·BRITANNICVS·DVX·AETATIS·S
VAE·CAVTISSIMVS·ET·REI·MILITARIS·PERITISSIMVS·HABITVS·EST
·PAVLI·VGIELLI·OPVS·

讓河流轉向，要優雅地進行

回到西元一五〇四年春天，當時比薩已經享有近十年的獨立自由。為了不受佛羅倫斯的控制，比薩可是傾全國之力。除了重金請到當代的傭兵名將「死神」達維亞領軍打仗，更聯合了佛羅倫斯的敵人西恩納與路卡共同對抗。佛羅倫斯的軍隊向來不以凌厲攻勢取勝，一聽到這個消息，馬上畏畏縮縮地退兵。

不過，共和國並不會就這樣輕易地放過比薩，另一項異想天開的計畫也同時運作。元老院在七月通過決議，推動一項釜底抽薪的工程：改變亞諾河河道，不讓它流經比薩。

佛羅倫斯並不是第一次把水力工程應用在戰場上，只是每次都是以失敗收場。西元一四三〇年，佛羅倫斯為了攻下路卡，請建築師布魯內列斯基在瑟秋河（Serchio）上築壩，計畫放水淹沒路卡。結果以失敗收場，佛羅倫斯耗費鉅資的堤壩被路卡破壞，洪水反而淹向佛羅倫斯的軍營，布魯內列斯基在兵荒馬亂中逃到地勢較高的所在避難，軍隊損失慘重。

瑟秋河

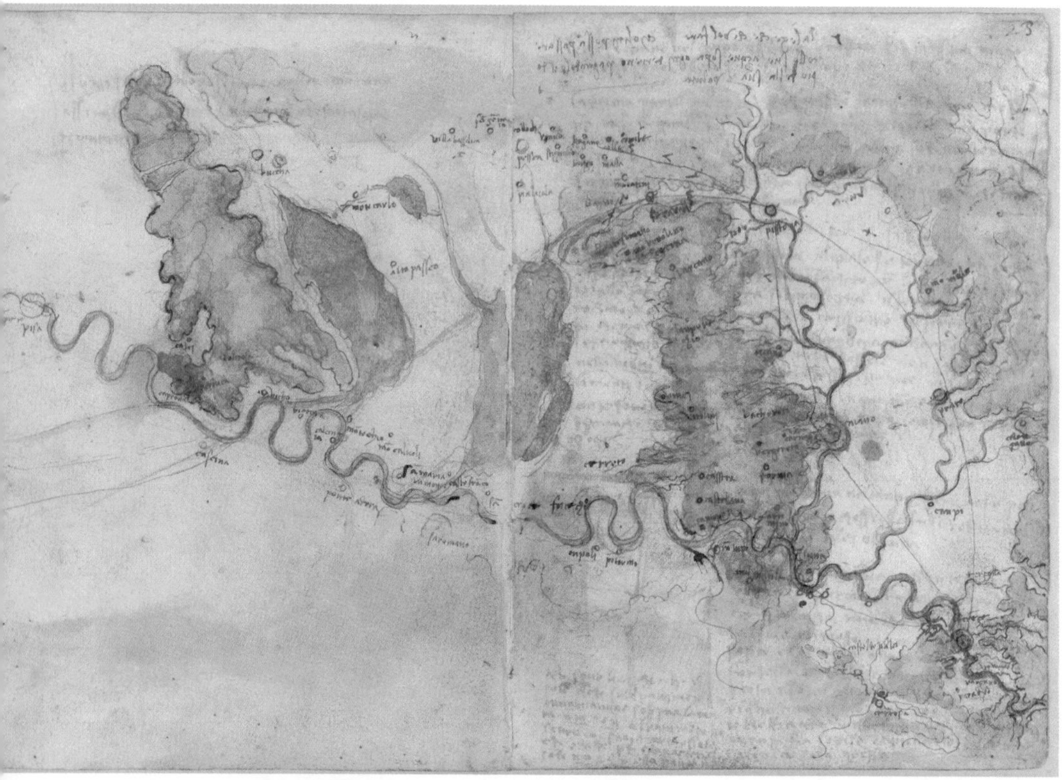

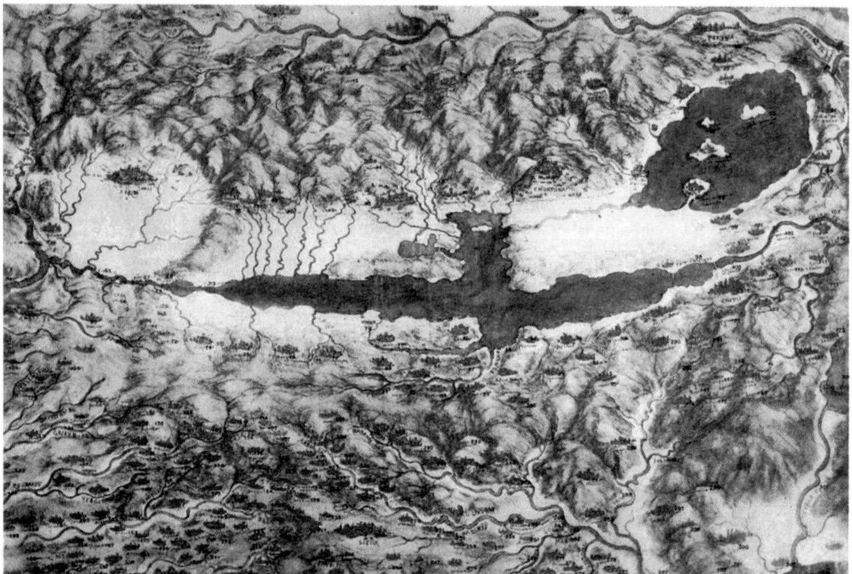

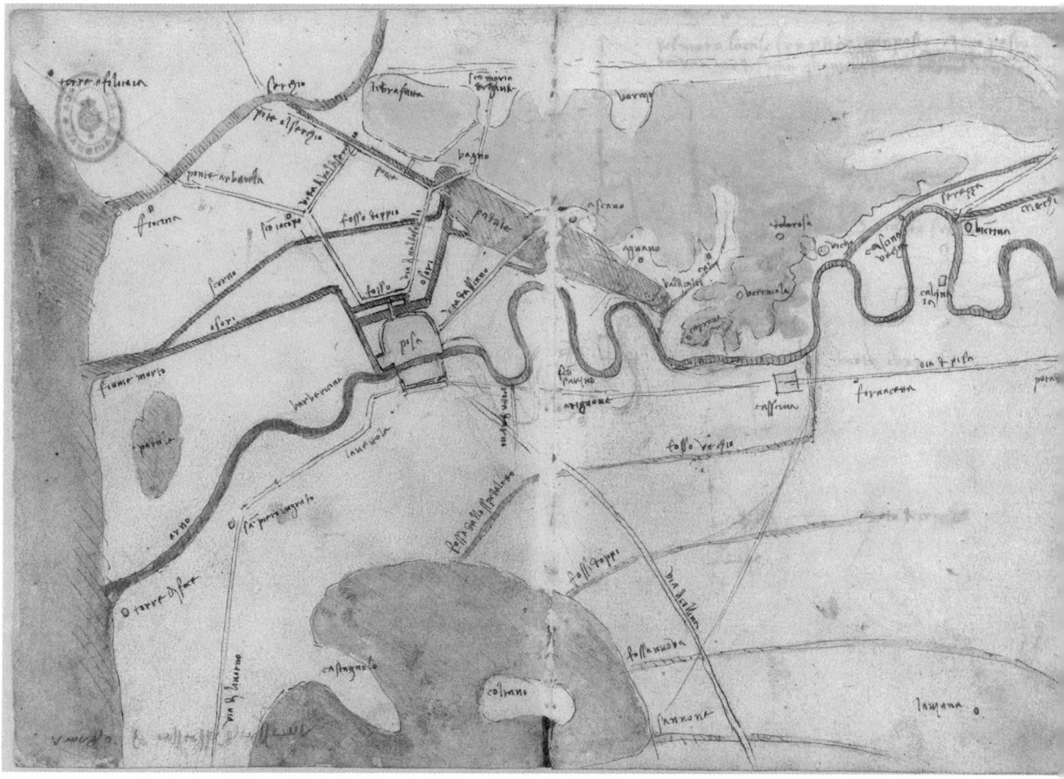

達文西手稿中，關於水流與河道的各種觀察研究。

不過，佛羅倫斯好像沒有從歷史中學到教訓，決定再接再厲，又提議挖一道深十公尺、長二十公里的運河，將亞諾河的水引流到比薩南部瘧蚊孳生的汙穢沼澤。如此一來，比薩就會失去它位居亞諾河海口要津的優勢。上一次是由天才建築師布魯內列斯基主導，這次則是由五十二歲的達文西執掌。

凱撒・博吉亞

從收藏在英國溫莎皇家圖書館的達文西手稿，我們可以看見達文西對水流動能的觀察心得與精采描述：「流動的水，可以是溫柔的輕歎，也可能是蠻橫的暴力……讓河流轉向，一定要優雅地進行，萬萬不可用粗糙不文的方式……」

上知繪畫，下懂水利

馬基維利極有可能在一五〇二年就認識了達文西，當時達文西還在另外一位惡名昭彰的軍閥凱撒．博吉亞（Cesare Borgia）手下負責軍事工程。達文西和布魯內列斯基一樣，對機械發明情有獨鍾。布魯內列斯基為了興建聖母百花大教堂的圓頂，發明了許多工程機具，有些設備如高空起重機與搬運重物的滑輪組，至今我們都還在使用。

達文西在義大利最主要是以畫家的身分聲名遠播，他的畫作對天地萬物的美、對生命的體驗、對時間與空間的思考，都相當深沉且富有哲理，即使如此，達文西似乎還是不能忘情軍事與工程領域的設計。

達文西三十歲的時候，列了一張自己的履歷與專長，前往米蘭當地最有權勢的斯佛札家族面試（後來所有關於達文西的研究都引用這封信），其中對畫畫與雕刻這件事，達文西只是輕描淡寫地帶過：「我能以大理石、青銅或黏土製造雕塑，還能將所有可以畫的東西都畫出來，手法不輸任何人。」最主要的，他強烈推銷自己懂得興建運河、橋梁、攻城槌、地下通道，製造投石機與火炮，並且能用炸藥摧毀敵方的軍事設施，而且又再三強調：「我絕對可以提供令您滿意的服務。」

達文西毛遂自薦的履歷打動了斯佛札公爵，他隨即以軍事工程幕僚的身分，在米蘭的斯佛札宮廷服務，一待就是十七年，在這期間留下了許多武器與軍事設備的設計草圖：攻城用的機械雲梯、速射連發的弩弓、中長程的巨型弩砲、附有鐮刀的金屬裝甲車。達文西也花了些時間研究彈道學，觀察溫度、風向、砲彈質量之間的微妙關聯，增加射擊的精確度。

不過這一切全都只是紙上談兵，嚴格來說，還談不上實際的應用。達文西巧妙地擷取同時代發明家的創意，並加以改良，這些奇妙的設計，距離真正的製造量產，還有一段相當長的路要走。達文西除了忙於工程公務之外，聽說還發明了史上第一座沖水馬桶，並在聖母感恩教堂（Santa Maria delle Grazie）完成了文藝復興鉅作《最後晚餐》。

而達文西對河流的研究，似乎從年輕時就開始了。亞諾河是一條全長兩百四十一公里、喜怒無常的怪獸，每年到了春夏之交，來自亞平寧山脈的融雪加上午后的急降雨，或是秋冬之際的漫漫冬雨，匯流後就會變成捉摸不定的暴流。洪水以萬鈞之勢一瀉千里，沖入托斯卡尼的平原地帶，下游的城鎮像是佛羅倫斯，常常在很短的時間之內陷入汪洋。

這樣的天災每隔三、四年就會輪迴。最嚴重的一次，莫過西元一九六六年十一月的世紀洪災，大水沖進佛羅倫斯市區，光是舊城的聖十字區，水淹就高達六、七公尺。這場水災不只造成佛羅倫斯大淹水，更是人類文明的一大浩劫，全城約有四成的文物與藝術遭到損害，以聖喬凡尼洗禮堂為例，吉伯提所製作的《天堂之門》就被洪水沖走，直到兩個月後才在亞諾河下游的泥濘之中尋獲。其他如契馬布埃、多那太羅的作品，也有不少在那一年蒙受重大壞損，即使經過了半個世紀的修復，也恢復不了昔日的動人光采。

對抗亞諾河怪獸

正因為亞諾河難以捉摸、無法駕馭的特性，佛羅倫斯代代都有人嘗試控制它。達文西從西元一五〇三年開始研究亞諾河改道的可行性。當時他與另一位名為喬凡尼的樂師一起，從上游的阿雷佐到下游的路卡，實地勘查了亞諾河河谷。喬凡尼有個四歲兒子叫「本韋努托」（Benvenuto），意思是「歡迎」，畢竟喬凡尼夫婦在結婚十八年後才生下第一個孩子，本韋努托長大後，成為十六世紀最出色的金匠（也就是傳奇雕刻家切里尼）。市政廳領主廣場上，殺死蛇髮梅杜莎的帕修斯，就是他的傑作。

達文西勘查結束，回到佛羅倫斯後，經過審慎的計算，他估計這項工程需要五萬四千名工人（佛羅倫斯全城人口也不過五萬人）不眠不休地工作兩個月，來搬運高達一百萬公噸的廢土。達文西為了龐大的挖掘計畫，也設計了各式各樣古怪的機具，其中包括了一艘用水車刨土的工作船，還有被稱為「怪物」（Mostro）的巨型挖土機。達文西甚至精算，需要十四名工人通力合作，才能把一桶土從工地運上來。

整治亞諾河的計畫，不僅要馴服這條喜怒無常的惡龍，更要把它變成為佛羅倫斯下蛋的金雞母。達文西的計畫，還包括了一系列複雜的灌溉系統，可以把荒地變良田，最重要的是隨時可以洩洪，藉水的淹沒來威脅亞諾河下游的對手們。這項計畫立即就得到元老院的支持。

到了夏天，亞諾河工程開始，工程初期就動員了兩千名工人與一千名士兵，一同在烈日下揮汗，賺取每天一卡利諾微薄的薪資。一卡利諾到底有多少呢?文藝復興時代佛羅倫斯通用的貨幣是弗羅林（Florin），一弗羅林是五十四格令（Grain），一格令就是一粒大麥的重量，一卡利諾相當於一格令，以當時的市價來算，一弗羅林相當於今天的五千九百元新台幣，所以一卡利諾約莫新台幣一百一十元上下。

本韋努托・切里尼

馬基維利打一開始就積極介入亞諾河改道工程。

達文西完成了初步的規劃設計後，不知道是什麼原因，突然對它失去了興趣，又跑回去畫畫了，這次他著手進行的，是一位貴夫人的半身畫像。

通往過去與未來的一幅畫

這位喬孔達夫人，是藝術史上辨識度最高的女性，幾乎地球上絕大多數的人，都見過不同形式的她。但與真跡相遇，彷彿就像夢境一樣。當年，我在法國巴黎羅浮宮，第一次親眼見到她時，喬孔達夫人就帶給我某種微妙的神秘感受，儘管現場人聲鼎沸，她卻以安恬自適的姿態，將眼前的一切化為心動的沉默。畫作中，少婦端坐著，左手輕輕地靠在椅子的扶手上，右手則疊放在左手手腕上。她蒼白的臉孔泛著一絲若有似無的微笑，身上沒有配戴任何珠寶首飾，衣著也相當樸素。達文西以嚴謹的方式，小心翼翼地描繪她身上的每一分褶縐、每一寸垂墜，彷彿一陣微風吹過，衣角就會隨之輕輕擺動。

其中最吸引我的，是她所在的背景。少婦好像坐在虛懸峽谷邊緣的陽台邊，在身後那道低矮的女牆後面，是一片複雜、奇妙而又飄渺的景致。布滿嶙峋山尖、奇巖怪石與深澗幽豁的風景中，左邊還有一條曲折小徑通往寧靜的湖泊，在一片荒蕪淒涼之中，唯一帶有生氣的，是背景那座孤單的橋，不知從何而來，也不曉得去向何方，過去與未來都不存在，唯一擁有的，只有眼前的「現在」。但畫家彷彿也透過他的筆觸向我們質問：你真的知道「現在」嗎？你真的擁有「現在」嗎？

達文西對細部的鋪陳極其委婉，帶有思索宇宙意義的超現實遠景，勾喚起漫布於時間與空間中的哲學本質。而喬孔達夫人的眼神，則讓我心中浮現某種難以形容、朦朧又矛盾的感受，每當我凝視她時，每一次眨眼，她的神韻就有所不同，她專注又冷漠的視線，總是讓我迷惑不已。

每年，有八百八十萬遊客拜訪羅浮宮，全都擠到這件編號七七九的畫前，一窺大師的神來之筆。這幅畫，在法國稱之為《喬孔達夫人》（La Joconde），義大利人則說她是《喬康達夫人》（Gioconda），我們則習慣叫她《蒙娜麗莎》，意思是麗莎夫人。畫中的女子據說本名為麗莎．蓋拉爾狄妮（Lisa Gherardini），是佛羅倫斯富商喬康多的妻子。若要吹毛求疵的話，蒙娜麗莎（Mona Lisa）的Mona應該拼作Monna才對，因為Monna才是「夫人」Modonna的正確縮寫。

達文西傳世的作品不多，留下來的女性肖像畫也只有四幅，但他卻透過《蒙娜麗莎》向我們展現他在藝術探索旅程中的偉大發現，「暈塗法」（Sfumato）就是其中之一。

簡單地說，在達文西之前的畫家創作，都有點像是著色的素描，顯得刻意且不自然，達文西藉助從明到暗不同色調的顏料層層塗抹，營造如夢似幻的視覺效果。即使在最深沉的黑暗中都能散發幽微的光亮，讓我們在欣賞畫作時，不知不覺地陷入光與影的朦朧幻象之中。

科林斯地峽

不可能的任務

不過，話說回來，為什麼達文西會突然放棄亞諾河運河工程，回頭去畫畫呢？關於這件事，每個人都有自己的見解。以我的觀點看來，即使在今天，這也是一項難以想像的龐大工程。我用一個簡單的例子來說明，連結希臘本土與伯羅奔尼撒半島的狹窄土地，稱為科林斯地峽（Isthmus of Corinth），打從古希臘時代開始，就不斷有人提議挖一條運河來打通亞得里亞海與雅典之間的距離。不管是羅馬帝國的凱撒、卡利古拉、尼祿與哈德良皇帝等人，都曾認真地討論開通的可行性，不過直到工業化時代的西元一八八一年到一八九三年，才用重機械切割、挖掘，搬運了約一百萬噸的沙土，真正挖穿了這條長六．三公里的科林斯運河（Corinth Canal）。類似的構想，像是古埃及法老拉美西斯二世的紅海運河，後來成為蘇伊士運河，全長一百六十三公里，西元一八六九年通航，在工業時代人類才有能力完成。

米迪運河

比較特別的是聯絡地中海與大西洋，全長兩百四十公里的米迪運河（Canal du Midi），是一六九四年開通，總工程師父子兩代一共花了二十七年才得以完成。比照同等的規格，再回頭檢視達文西的設計，全長二十公里的亞諾運河只需要兩個月？我總覺得太輕忽大意、太兒戲了。

馬基維利後來接手了達文西的爛攤子，負責亞諾河計畫的行政作業，而技術工程的部分則由另一位半路出家的工程師柯倫比諾（Colombino）來處理。根據達文西樂觀的計算，「希望」在三十五天內移走一百萬公噸泥土，完成這條長二十公里、深十公尺的運河，事實證明這是一項註定失敗的不可能任務。才開始施工不到兩星期，馬基維利就知道麻煩大了，亞諾河的水總是流不進運河之中，工人的士氣低落，柯倫比諾也無法應付暴雨所帶來的問題。最後，亞諾河運河計畫被迫喊卡，譜上難堪的句點，比薩人則樂得派軍隊去填平河道。這場人禍造成了八十名工人的傷亡，總計花了七千弗羅林（約新台幣四千兩百萬），同時也重挫了共和國新政府的威望，讓緊縮的財政更加雪上加霜。

西元一五〇四年是達文西上升與沉淪的一年，運河計畫雖然一敗塗地，但同時達文西也著手進行了《蒙娜麗莎》。這一年，米開朗基羅也完成了驚世之作《大衛》。達文西與米開朗基羅——兩位性格迥然不同的天才藝術家，即將在佛羅倫斯的藝術星空交會，正如他們的前輩布魯內列斯基與吉伯提，這場交鋒，將成為藝術史上最讓引人入勝的話題之一。

CHAPTER · 5

大衛像

達文西筆下的《大衛》

這是另一件《大衛》。它不是大理石的複製品，也不是青銅鑄模，它是達文西筆記本裡的鋼筆速寫，目前收藏於英格蘭溫莎的皇室圖書館。西元一五〇四年，當《大衛》第一次現身於世人眼前時，想必達文西對米開朗基羅的作品烙下了深刻的印象，這張草圖忠實反映了達文西對《大衛》第一時間的直覺反應。

就不同的觀點來看，他可以說是米開朗基羅《大衛》的忠實複製。作品中，年輕男子的身體微微地向前傾，重心放在右腳，右手下垂，手掌弓起，像是積蘊了某種情緒許久，好像馬上就要走出來做些什麼事似的。

比較不同的，是左手的動作。大衛的左手置於胸前，看起來有點漫不經心，好像維多利亞時期的士紳般，平撫著胸口，向人致意。

達文西以快速又精確的筆觸，悉心地描繪大衛的肌肉，潛心鑽研過人體解剖的達文西，利用陰影加強了每一寸肌肉在空間中所延伸的向度與力量，達文西的《大衛》速寫清晰地捕捉到隱藏在肉體底下強大的精神能量。不過，如果稍加比對米開朗基羅與達文西版本，還是會發現其中微妙的差異。

我常把達文西的《維特魯威人》、大衛像速寫與米開朗基羅的《大衛》作比較。

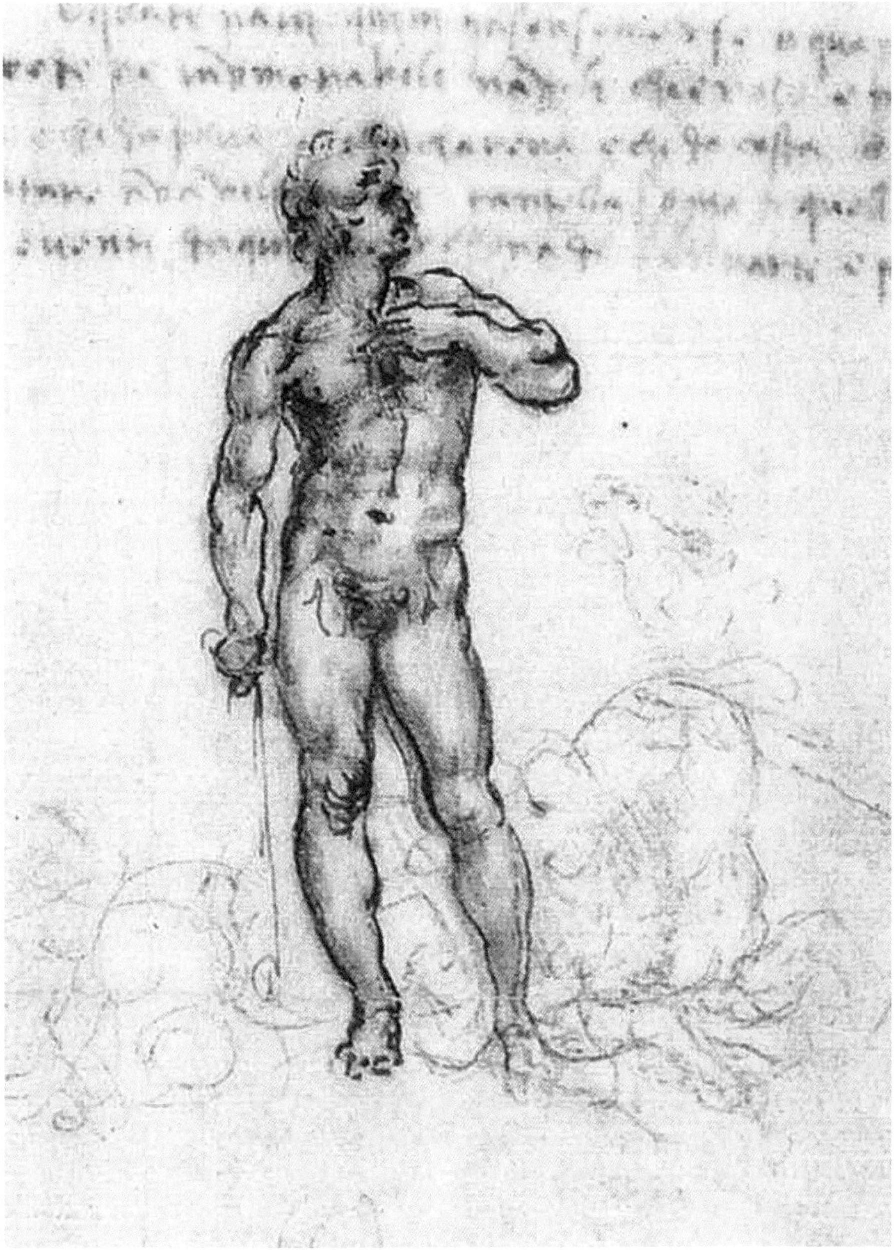

文藝復興時期的偉大成就之一，就是改變了我們對待肉體的態度。達文西的《維特魯威人》清晰地以數學原則來呈現柏拉圖式的理想美：胸、下腹與生殖器之間的距離及四肢與空間的關係，皆維持著精確的幾何比例。米開朗基羅的《大衛》即使在比例上有所爭議，仍完美得像是藝術解剖課的範本教材。達文西與米開朗基羅的人體創作，向來都以最坦然直接的方式展示性器官，從來都不隱誨肉體與性之間的關聯。

尤其是達文西，從散落在世界各地的手稿，我們可以發現他對人體外在與內在形式都展現著異於常人的好奇，從孕婦子宮中胎兒的位置，到男女性愛時性器官的相對位置，達文西向我們揭露了藝術與科學的寫實與真實。

但是達文西的大衛素描卻有奇怪的轉變。與往常不同，達文西用墨汁重重地塗抹大衛的鼠蹊部位，像是中世紀教會用無花果葉羞恥地將性器官遮掩起來。米開朗基羅的大衛，這位隻身挑戰巨人歌利亞的英勇少年，在達文西的手中被閹割了。

我們需要米開朗基羅！

要說明達文西與《大衛》的轉變，就必須透過另一件雕像的故事來解釋：多那太羅的《茱蒂絲》。

這座目光凌厲、高舉彎刀砍下敵軍將領首級的女豪傑雕像，最初被安放於麥迪奇家族

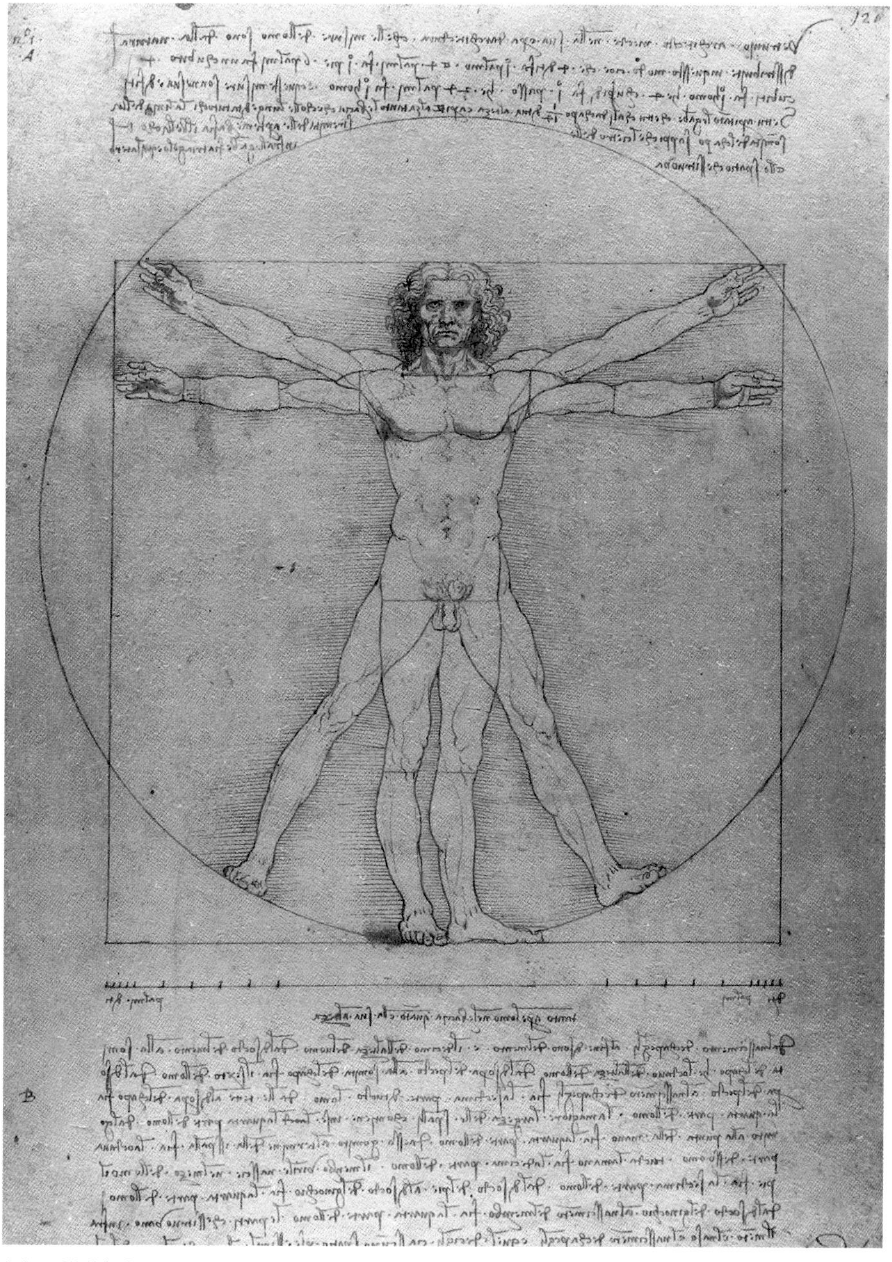

達文西《維特魯威人》

花園，西元一四九四年麥迪奇家族被佛羅倫斯人放逐時，新政府將它移置市中心的領主廣場上，就在維奇奧宮大門的左側。

若我們仔細地端詳《茱蒂絲》的臉龐，會發現她無情而迷濛的眼神，正陶醉在這刀光血影的殺戮之中。原本這件作品寓意著柔弱戰勝剛強，謙遜擊敗驕傲。共和國新政府的發言人梅瑟·法蘭契斯卡（Messer Francesco）的第一次施政報告，就站在暴怒的群眾與這座血腥味十足的青銅像之間發表。我想他心中必定是五味雜陳，畢竟每個文藝復興人都明白這件藝術品所傳達的訊息。在麥迪奇家族垮台之後，《茱蒂絲》有了新解：「推翻暴政，有時候是需要暴力的。」

多那太羅《茱蒂絲》（原件）

在馬基維利的《佛羅倫薩史》就記錄了這歷史性的一刻。西元一五〇四年一月二十五日，新政府發言人全身顫抖地面對佛羅倫斯市民時是這樣說的：「現在將《茱蒂絲》放在市政廳前，既不合情，也不合理，甚至可以說是不合時宜。佛羅倫斯現在需要的，是可以讓我們挺胸抬頭的驕傲；佛羅倫斯現在需要的，是代表我們源源不絕的創造力及生命力的作品；佛羅倫斯現在需要的，是代表善良與奮戰不懈的象徵，我們不需要一個代表死亡與邪淫的圖騰……佛羅倫斯已經失去了比薩，共和國的威信不斷受到外邦的挑戰，我們要向外邦證明我們是座偉大的城市……現在，聽說米開朗基羅的《大衛》已經完成了，佛羅倫斯的市民們！

現在我們有機會用一位年輕奮鬥的生命，來取代看起來像是巫婆的茱蒂絲，現在佛羅倫斯需要的，不是死亡的黑魔法，而是可以帶來新生的恩典……我們需要《大衛》，我們需要米開朗基羅……」

這番演說，立刻引起佛羅倫斯市民的熱情回應。民眾衝到米開朗基羅位於大教堂旁的工作坊，夜以繼日地喊著：「我們要大衛！我們要米開朗基羅！」當代任何一位藝術家，如果受到這樣的熱情包圍，一定會虛榮得輕飄飄起來。然而，米開朗基羅並沒有因為民眾的熱情而高興起來。

沒有藝術家敢接的爛攤子

三年前，當米開朗基羅決定接下《大衛》這件案子時，市井之間的流言蜚語早就傳開了。早在米開朗基羅出生前六十三年，也就是西元一四一二年，佛羅倫斯政府與雕刻家多那太羅之間就簽定了合約，要為新建的聖母百花大教堂製作新尺寸的大衛，必須比多那太羅在四年前完成的青銅像《大衛》更巨大，也更驚世駭俗。多那太羅收了訂金，訂好了大理石，也畫了設計圖，但是不知道為什麼，這個案子卻無疾而終。大概是多那太羅工作滿檔，委託案件應接不暇。

直到西元一四六四年，也就是多那太羅簽定合約後五十二年，多那太羅的學生奧古斯提諾・杜奇歐（Agostino di Duccio）才重新接下這件案子。其實，無論是多那太羅或者是奧古斯提諾都去鄉多年，在外地流浪許久，無論如何，讓一位七十八歲的老人爬鷹架製作如《大衛》這樣的大型雕刻也實在太勉強了。不過，為佛羅倫斯共和國完成這座巨型雕像一直是多那太羅的夢想，根據原始合約規定，多那太羅要用四塊大理石分別雕刻，再加以組合。這種源自於古羅馬的作法，在當時的文獻雖然沒有明確的文字紀錄。但不知為何，最後居然是變成用一塊巨大的卡拉拉大理石雕塑完成的巨型作品。

談起雕刻藝術，就不能不提大理石。

大理石文化源自於古希臘，我們從羅浮宮所收藏的維納斯、勝利女神像就能一窺端倪。不管是基克拉澤斯群島（Cyclades）、納克索斯島（Naxos）、帕羅斯島（Paros）與薩索斯島（Thasos），都出產質地潔白無瑕的大理石。比如以雅典的國家考古博物館裡的《勝利者》（Diadumenos）來說，此作品使用有脫脂牛奶色的薩索斯島大理石，它純白的色澤為雕像及建築添色不少。

不過純白並非一切，薩索斯島的大理石就太過堅硬，雖然擁有令人驚歎的純白，卻無法進行細部雕刻。帕羅斯島出產的大理石脆弱易碎，即使能承受精雕細琢，卻也容易損壞。

我總覺得愛琴海所出產的大理石，雖然在視覺上能留下深刻的印象，但隨即就讓人覺

《勝利者》©Tetraktys(CC BY-SA 3.0)

得死氣沉沉、僵硬無比。義大利托斯卡尼北部所出產的卡拉拉大理石，不管在強度、韌度與潔淨度上都大勝其他產地，靠的是其溫暖潤澤的光采，即使是小小的斑駁瑕疵都有加分，雕刻家更是透過精巧的手藝，讓卡拉拉大理石綻放出動人的肌理與生命氣息。

奧古斯提諾接下《大衛》的雕刻工作，第一要務就是重新找尋大理石。只可惜奧古斯提諾不是米開朗基羅，他對石頭並不具慧眼，他在卡拉拉大理石盆地中心的古羅馬採石場挑了一塊「九個手臂長，但有點薄」的巨石，而且還不太乾淨。以米開朗基羅的標準，這塊原石「像鬼一樣，沒有血色，只能拿去做墓碑」。

總之，這塊卡拉拉的巨石花了半年的時間，好不容易才從採石場運到佛羅倫斯，途中不僅使用了平底船與牛車，還在風雪泥濘之際歷經幾番拖行，搬運的過程還不小心摔了下來，這導致後來《大衛》腿部出現如髮絲般的裂隙。前來評估接案的藝術家們大為苦惱，也許是因為這樣，沒有藝術家願意接下這個爛攤子。

催生大衛的神乎其技

西元一四六六年十二月上旬，這塊巨石終於運到了佛羅倫斯，可是才過幾天，也就是十二月十三日，多那太羅便以八十歲的高齡與世長辭，這使得《大衛》的雕刻案又被迫腰斬。又過了三十五年，米開朗基羅才在親友的慫恿（或者是鼓勵）之下，簽了《大衛》的雕刻合約，米開朗基羅還在合約中特別指出：「這塊石頭切割得很糟，好像外行人做的一樣，任何一位雕刻家都沒辦法勝任。」

這是牢騷，也是對佛羅倫斯市民發出的豪語。歷經法國軍隊入侵、薩佛納羅拉的宗教狂熱、八方覬伺的傭兵軍閥，居心叵測的羅馬教廷與佛羅倫斯城內各懷鬼胎的古老貴族們，重生的共和國賦予市民更寬容、更民主的參政權。在這個急欲重新定位自我的佛羅倫斯，藝術變成公關宣傳與提升共識的關鍵媒介。米開朗基羅在羅馬完成《聖殤》後回到佛羅倫斯，我想，一方面也是出於愛國心的驅策吧！

米開朗基羅著手進行《大衛》時，耳語又在共和國的街頭流竄，根據瓦薩里的記載，「終生執政官索德里尼常說要把這個案子交給達文西，還不是因為米開朗基羅和教皇的關係好，所以才接下《大衛》這件案子。」這樣的謠言，當然讓敏感易怒的米開朗基羅忿忿不平。

以地質學角度來說，大理石並沒有什麼特別了不起之處，地球上每個角落幾乎都有出產。大理石主要的化學成分是碳酸鈣（$CaCO_3$），兩億多年前，我們所居住的星球原本是一片海洋，當海底的浮游生物、貝類死亡後，它們的殘骸緩緩沉積在大海深處，歷經千萬年地質運動的擠壓、加熱，變質成另外一種閃閃發亮、性質完全不同的石頭。

大理石（Marble）源自於希臘文「μάρμαρον」（mármaron），意為「閃亮的石頭」，這種變質石灰岩因為參雜著石英而變得堅硬易碎，單一純粹的白色大理石又缺乏石英所賦予的透明光澤，也比較柔軟脆弱。對於有經驗的建築師與雕刻家而言，從礦場新開採出來的「新鮮」大理石，裡頭所含的雲母、水晶仍閃耀著新生的光輝，質地也比較扎實有彈性。如果這個時候著手處理，會發現它像野馬一樣難以馴服，即使「勉強」將它雕塑，這塊大理石也會散發出過於斧鑿做作的痕跡。但是，將其放些日子後，大理原石裡頭的水分少了，光澤變得溫暖，質地也明顯地更柔韌，更能夠承受工匠的鎚擊鑿穿，而不會輕易地崩裂破碎。

這個被稱之為「熟成」（Senescentis）的過程，是每一塊大理石邁向完美的必經之路。「熟成」所需要的時間因「石」而異，少則數月，多則數年。古羅馬人用「秋夜的月光」來形容卡拉拉大理石「熟成」之後所散發的潤澤，這是它無可比擬的魔幻魅力。在米開朗基羅雕塑《大衛》之前，那塊大理原石已經在歷史的角落靜靜等待了三十五年。

其實索德里尼是在米開朗基羅簽下合約後一年，才成為終生執政官，對米開朗基羅接案並不具任何影響，不過這也足以讓米開朗基羅對達文西這位前輩心生芥蒂。全佛羅倫斯也屏息以待，用幸災樂禍的心情看這位年輕的雕刻家，如何處理這塊已經被許多人「糟蹋」過的大理石。

米開朗基羅究竟如何處理這塊大理石，是藝術史上的未解之謎。他在大教堂的工作坊內，用重重的布幕與高大的木製屏風將卡拉拉大理石與人群隔離，「沒有人知曉這一切是怎麼發生的」，米開朗基羅所拿到的原石又高又薄，下方還有裂痕。我們在學院美術館看到的成品，是雕刻家突破先天限制後所完成的作品。

為了擺脫這塊平板單調的原石局限，米開朗基羅試著將《大衛》的頭部、身體、大腿以不同的方向旋轉，並微微地向前傾，偏離古典形式的靜態平衡，這使得《大衛》得到某種出乎意料的張力，像是一位活力充沛的年輕運動家，彷彿他已經瞄準一個看不見的目標，正凝聚所有能量，隨時準備奮力一搏。

《大衛》的姿態，一方面保有古典風格的均衡美感，雖然少了多那太羅的細緻與維洛及歐的優雅，但更多的是強健肉體與昂揚精神的理想融合，意志堅定中流露出源源不絕的生命能量。另一方面已隱含了巴洛克式蓄勢待發的強烈動感，為後世具有運動風格的雕塑品捎來新時代的訊息。

天才雕刻家從這塊前途黯淡的大理石中，將大衛釋放出來，這絕對是空前的雄心之作，也是羅馬帝國崩壞之後，第一座實質意義上的大理石巨像。這塊卡拉拉原石歷經了兩個世代的飄搖，在雨雪風霜中逐漸「熟成」，其中還被幾位才華平庸的雕刻家瞎搞過。在米開朗基羅之前，從來沒有人看好它，但是這一切都不重要了，因為佛羅倫斯的市民已經準備好要迎接城市新的象徵。但是問題來了，這座高五．五公尺、重達五千公斤的大理石巨像，到底要放在什麼地方？

維洛及歐《大衛》

《大衛》到底該放在哪裡？

根據原先的計畫，米開朗基羅的《大衛》是要放在聖母百花大教堂高處的座台上，居高臨下，俯瞰這座美麗的城市。不過根據米開朗基羅的設計，《大衛》目光是微微上揚地凝視前方，而不是向下，還有他對表情的揣摩、微微暴起的血管，以及因為興奮而弓起的手指肌肉……所有細節都在告訴我們，米開朗基羅不想要《大衛》被放在這有如神龕一般的地方，他想要大家從四面八方都能看見《大衛》。

西元一五〇四年一月，也就是共和國新政府發言人對市民喊話不久後，大議會緊急召開臨時會議，成立特別小組，共同來研究這座龐然巨像到底該放在哪裡。

就在一個寒冷的冬夜，達文西來到了羊毛工會（Arte della Lana）的會議室。這個特別小組的委員可說是文藝復興時代的「Dream Team」，達文西在這裡看到老朋友們齊聚一堂：曾經一起在維洛及歐門下的同門師兄波提切利（Sandro Botticelli）、菲利波・利比（Filippino Lippi）、「偉大的羅倫佐」最信任的天才建築師桑嘉羅（Giuliano da Sangallo），還有文藝復興時期最出色的陶藝家安德瑞亞・羅比亞（Andrea della Robbia），以及拉斐爾的老師佩魯奇諾（Pietro Perugino）……這樣一群來自佛羅倫斯的藝術菁英，總共三十五人，共同前來商議《大衛》的安置議題。

其中一位委員的身分十分引人注目：羅倫佐．佛帕雅（Lorenzo della Volpaia），他是十五世紀最出色的鐘錶匠。或許很多人會有疑問，鐘錶匠和藝術有關嗎？

在此必須跳脫我們對文藝復興理想或開明的傳統印象，了解到神秘學與黑魔法，同樣也宰制著佛羅倫斯人的思想。佛帕雅曾經受雇於偉大的羅倫佐，設計一座精巧奇特的天文鐘，這座天文鐘的目的不在顯示正確的分秒時間，而在標示各星球的相對位置——太陽、月亮、水星、金星、火星、木星、土星與流浪的彗星，而且就放置於維奇奧宮的百花議事廳（Hall of Lilies）中。

即使是開明的共和國政府，每當遇到選舉、出兵、徵稅、政令宣達這樣的國家大事，也要像古希臘君主到德爾菲神廟請示神諭一樣，事事請教占星學家卜算吉凶，選個黃道吉日再做事。這種謬誤與偏見，源自於一位名為菲西諾（Marsilio Ficino）的人文學者，他與米蘭多拉一樣，對文藝復興的新柏拉圖主義有深入鑽研，但對後世影響最深的，是菲西諾在神秘學方面的研究。

菲西諾

我們今天所知道的占星術、塔羅牌、煉金術、神秘組織光明會、共濟會、玫瑰十字會等，主體思想都是來自於名為《赫密斯神學》（Hermes Trismegistus）的古埃及手稿，關於手稿的來歷可說是眾說紛紜。不過菲西諾以一己之力將不同流派的見解融會貫通，就像是東漢的鄭玄，集古文、今文經學大成於一身，菲西諾可說是集赫密斯神學為一家的神秘學大師。

佛帕雅引用菲西諾的說法，認為當年《茱蒂絲》從麥迪奇家族花園移來領主廣場時，死了太多人，雕像也沒有經過魔法的淨化，更何況安座時選了個黑道凶日，種種疏失造成了日後共和國數年的不幸。「現在，移開的時候到了！」另一座能量更強大的象徵在安座之後，就能挽救佛羅倫斯悲慘的命運。

除了占星學的意義之外，其實還有更深沉隱晦的原因，來自於《茱蒂絲》的性別。

遠自古希臘時代，社會一般都把女性視為「不完整的人」，她們被認定不具有思辨邏輯的能力，實際上也沒有參與公共事務的權利，在婚姻自主與財產繼承的假面之下，隱藏著對女性極度的歧視。

西元一四八七年，在萊茵河畔的施派爾所出版的《女巫之鎚》（Malleus Maleficarum）中更加深了對女性的偏見與迫害。書中宣稱「巫術，來自肉體的慾望，這在女人身上是永難滿足的。魔鬼知道女人喜愛肉體樂趣，於是以性的愉悅誘使她們效忠」。透過錯誤偏激的言

MALLEVS MALEFICARVM,

MALEFICAS ET EARVM
hæresim frameâ conterens,

EX VARIIS AVCTORIBVS COMPILATVS,
& in quatuor Tomos iustè distributus,

QVORVM DVO PRIORES VANAS DÆMONVM versutias, præstigiosas eorum delusiones, superstitiosas Strigimagarum cæremonias, horrendos etiam cum illis congressus; exactam denique tam pestiferæ sectæ disquisitionem, & punitionem complectuntur. Tertius praxim Exorcistarum ad Dæmonum, & Strigimagarum maleficia de Christi fidelibus pellenda; Quartus verò Artem Doctrinalem, Benedictionalem, & Exorcismalem continent.

TOMVS PRIMVS.

Indices Auctorum, capitum, rerùmque non desunt,

Editio nouissima, infinitis penè mendis expurgata; cuique accessit Fuga Dæmonum & Complementum artis exorcisticæ.

Vir siue mulier, in quibus Pythonicus, vel diuinationis fuerit spiritus, morte moriatur;
Leuitici cap. 10.

LVGDVNI,
Sumptibus CLAVDII BOVRGEAT, sub signo Mercurij Galli.

M. DC. LXIX.
CVM PRIVILEGIO REGIS.

《女巫之鎚》

論，在宗教改革的羽翼下，擴大為橫跨三世紀的獵巫運動：敢說敢做的獨立女性、精神官能症的患者，甚至於相貌稍微醜一點的女性，都可能被視為女巫，送進宗教裁判所之中，經過嚴刑拷打，最後再上火刑架燒死。

西元一四八〇年到一七五〇年之間，這場精神失常的獵巫運動至少犧牲了十萬人，而且絕大部分是女性。佛羅倫斯共和國發言人在領主廣場上的演說，就明白指出《茱蒂絲》女巫的形象：沒有表現出端莊女性應有的舉止，以性誘惑犯罪、陶醉於不道德的行為之中，最後致人於死。這不是女巫，又會是什麼呢？

在這次公開演講後的四個世紀，從喬久內，卡拉瓦喬到克林姆，《茱蒂絲》就一直被視為性誘惑的致命象徵。

達文西的筆記本

不過在特別委員會中，也有人對於將《大衛》放在市政廳旁，抱持反對意見，波提切利就是其中一位。這位以《春》（La Primavera）、《維納斯的誕生》（La nascita di Venere）著名的畫家，這一年將近六十歲，他的人生歷經了偉大的羅倫佐的統治，也曾經沉迷在薩佛納羅拉末世毀滅的恐怖預言之中，領主廣場的虛榮之火，讓波提切利親手燒燬了許多自己的精采畫作，就某方面來說，他也是獵巫的受害者。因此，波提切利堅持反對

《茱蒂絲》換位置，也反對為《茱蒂絲》扣上女巫的帽子，他說，「我們應該維持合約上的規定，就讓《大衛》放在他應該放的地方。」

根據合理推測，達文西應該是特別委員會第一次會議時，在筆記本上信手留下《大衛》的速寫。先前全體委員們已曾分批前往米開朗基羅的工作坊參觀過了，達文西是憑著印象與想像畫出這個年輕的戰士。不過在達文西的版本中，大衛的眼神略顯呆滯、肢體僵硬，體態也比較笨重，缺乏米開朗基羅原作中源源不絕的活力。

後世針對手稿的X光與不可見光的掃描研究顯示，達文西最初的素描其實忠實呈現米開朗基羅的作品，但後來一筆一筆不斷加上去，筆觸凌亂且逐漸偏離原貌。

長達一個半月的特別審查會議，談論的都是米開朗基羅不可思議的天才，以及他了不起的《大衛》，達文西的筆記本隱隱透出了不耐與厭煩，《大衛》的形象從英雄變成單純的肌肉男，最後化成街頭惡霸，暈染的墨汁也把大衛的性器官層層塗銷。這究竟是出於有心，還是無意？我們不得而知。《大衛》到底該置放何方？在多方攻防之後，藝術家分裂成兩派：一派以波提切利為首的，想把大衛供在大教堂的壁龕。另一邊以桑嘉羅為中心，認為《大衛》應該是「屬於民眾的」，主張用《大衛》取代多那太羅的《茱蒂絲》，或是陳列在傭兵涼廊，成為佛羅倫斯的吉祥物。

終於，輪到達文西發言了。

波提切利的《春》（上）與《維納斯的誕生》（下）

達文西與米開朗基羅之間的不解之結

達文西對特別審查會的委員們說，「應該把《大衛》放在維奇奧宮前的傭兵涼廊（Loggia dei Lanzi）上，只不過要給他一片體面且合乎禮儀的遮蔽（ornamento decente）。」達文西認為：「因為大衛就站在國家的大門、城市的客廳之中，要讓國外的使節、往來的行旅不會覺得尷尬。」

事後米開朗基羅聽到達文西的說法時，我們可以想像他的憤忿與不滿。對藝術家來說，裸體，不僅是藝術題材，也是崇高的藝術形式。米開朗基羅終其一生，都在面對群眾與裸體之間的鴻溝。米開朗基羅讓作品剝去衣物，讓我們看到聖俗之間其實沒有差別。只不過赤裸裸地將性器官公諸於世，讓藝術的保守派難以容忍。最明顯的例子，就是西元一五六一年，羅馬教皇庇護四世（Pius IV）下令，由畫家伏泰拉（Daniebe da Volterra）把米開朗基羅《最後審判》中僱人的肉體畫上遮羞布，後世給伏泰拉取了一個頗為難堪的綽號「內褲畫家」（Il Braghettone），永遠遭世人取笑。

同樣身為藝術家的達文西，為什麼會有這樣的想法？真令後世的藝術史家百思不得其解。達文西的《維特魯威人》不也赤裸裸地將性器官露了出來嗎？根據收錄在佛羅倫斯國立中央圖書館的會議紀錄，達文西的發言到此為止。從之後的安置作業來看，達文西的建議並未被大會採納，就像他們的前輩吉伯提與布魯內列斯基一樣，米開朗基羅與達文西成為終生

早年曾被放上遮蔽物的《大衛》

對手，其中當然也有兩人擁護者不同的說詞。孔迪維為老師所寫的傳記中提到「加上遮羞布的舉動，是心存惡意的侮辱」。

伏泰拉

經過漫長的議程，三十五人小組決定把大衛安置在領主廣場上，讓每個佛羅倫斯市民都能夠近距離接觸到「共和國的驕傲」。西元一五〇四年五月十四日，米開朗基羅的《大衛》緩緩離開聖母百花大教堂工作坊，總共花了四天的時間，移動八百公尺的距離。

為了讓巨大的石像順利離開工作坊，搬運工班特別打掉大教堂工作坊的大門，沿途還有擁護麥迪奇家族的狂熱分子，用石塊及熱油攻擊象徵共和國新政府的《大衛》，頻率高到必須安排全副武裝的士兵負責戒護。

我總是想像當年《大衛》移動的盛況，除了瘋狂暴民之外，也有殷切熱情的市民沿途下跪膜拜，灑聖水與花瓣淨化這座城市的新象徵，許多當年目睹盛典的人用文字記錄了他們的感動：

「大衛的偉岸昂揚，向全世界宣告，佛羅倫斯重生了。」

教皇庇護四世

「我想像不出來，比大衛更偉大的作品。」

「我們擁有百花大教堂、天堂之門，現在又有了大衛……佛羅倫斯的確是宇宙的中心。」

對於市民來說，《大衛》是國家新生的具體表現，是城市復興的重大宣告，更是時代精神聲嘶力竭的吶喊。終於，全世界看見佛羅倫斯了。

當《大衛》終於抵達領主廣場，三十五人特別審查會依據議程，將多那太羅的《茱蒂絲》向左移十五公尺，將她原來尊貴的寶座讓給了米開朗基羅。

在《聖殤》完成五年後，米開朗基羅這位年輕的雕刻家再一次向世界證明了他的才華與天分。在這場藝術的戰爭中，他獲得佛羅倫斯的肯定，《大衛》取代了《茱蒂絲》，岸然矗立在維奇奧宮的門口。

我常想，每天都要從《大衛》底下經過的達文西，心中是否五味雜陳？說要為《大衛》加上遮羞布的他，內心又在想什麼？儘管達文西在推薦信中不斷地自詡為「出色的軍事工程師」，但是我總是認為藝術領域才是他的強項。如今，一位二十八歲年輕小夥子的作品，就放在城市最引人矚目的位置，我真想聽聽看達文西怎麼說？

從西元一五〇四年五月十八日一直到西元一八七三年七月三十日，《大衛》一直挺拔地站在廣場上，守護城市光榮的歷史，也沉默地看盡無常的世事。許多藝術史書籍畫冊，早已從不同的美學觀點，像是外科手術般地解構、重組、分析過這座雕像。或許，我們可以暫時放下駭浪驚濤的歷史糾葛與雪月風花的美學釋義。只要單純地坐在傭兵涼廊旁的長椅，以《大衛》的觀點，靜靜地看人來人往；或是多走幾步路，到學院美術館欣賞米開朗基羅的鬼斧神工，更重要的是，去感受五百年的雨雪風霜，是不是也在《大衛》身上留下苦楚與滄桑。

CHAPTER · 6

溼壁畫

米開朗基羅的未完成

回顧米開朗基羅的藝術生涯，嚴格來說，他的繪畫作品不算太多，這主要與他專注於雕刻藝術有密切的關係。自從米開朗基羅離開吉蘭達約的工坊後，他就不太有機會接觸繪畫。一直到規格奇特的《聖家族》（Doni Tondo, 1506）之前，米開朗基羅實際上只完成一幅畫《聖安東尼的試煉》（Tormento di sant'Antonio, 1488），其他繪畫則大都處於半成品的狀態。英國倫敦國家藝廊（National Gallery）的《耶穌下葬》（The Entombment），就屬於米開朗基羅最具代表性的「未完成」。

這幅畫中許多有趣的細節值得注意，首先是奇怪的顏色。文藝復興時代的藝術家用色都很一致，每種顏色也都有它固定的象徵意義：輝煌的金是造物主的恩典、神聖的喜悅。亮麗的紅是罪惡，也是奉獻。而充滿能量的綠，是新生的希望，更是和平的寬容。

不過在《耶穌下葬》中的橘紅與墨綠，莫名其妙的黑色與紫色，再加上右下角那一大片空白，讓畫面既黯淡又突兀，無厘頭的用色往往讓觀眾嚇得不知所措。

米開朗基羅的《聖安東尼的試煉》（上）與《聖天使》（右下）

聖阿戈斯提諾教堂

其次是造型。此畫作的人物肢體表現的方式，很像米開朗基羅後來在《最後審判》中刻意拉長身體的技巧，隱隱透露出西元一五三四年以後矯飾主義式的動感。沒有上色的留白之處，讓畫中人物好像飄浮在無重力的虛空之中。從風格上解讀，很多人甚至認為，這應該不是米開朗基羅的作品。回歸問題的原點，為什麼他沒有完成這幅畫作呢？

最具說服力的說法，是米開朗基羅自願放棄這幾件作品。經過嚴謹的調查考證後，藝術史家斷定《耶穌下葬》繪於西元一五〇〇年到西元一五〇一年之間。當時米開朗基羅正在羅馬為聖阿戈斯提諾教堂（Sant'Agostino）製作祭壇的繪畫鑲板，《耶穌下葬》極可能是組圖聯作的其中一件。文藝復興時期的業主與藝術家的關係，往往透過契約來彼此約束。藝術家先要與業主充分溝通所有的細節：從多少酬庸、如何支付、工期多長、原料成本由誰負擔到委託案內容形式……一切都需要以白紙黑字寫在契約中，違約的一方必須支付昂貴的代價。

都是「石青」惹的禍

米開朗基羅接案之初，應該曾向業主要求顏料的品質與數量，而《耶穌下葬》那些弔詭的色彩，其實是次等顏料變質所致，例如圖畫中面對耶穌的女士，她所穿的長袍是暗澹的墨綠，那其實是鈷藍劣化所造成的，而聖約翰胸前那片骯髒的黑色汙漬，則是紅色的氧化錳與氧化鐵因為時間久遠質變所致。圖中那一大片空白，按照宗教畫的傳統，應該是因喪子而悲傷的聖母瑪利亞的藍袍。按照規定，只能用最高級的青金石（Lapis lazuli）所製作的「群青」（Ultramarine）來作畫。「Ultramatrine」的字根來自中世紀拉丁文「ultramarinus」，意為「來自大海的彼岸」，除了直指群青這種顏色不屬於歐洲本地所有，全都仰賴亞洲進口以外，我想最主要意涵仍是它的色澤，像天空一樣遼闊，如大海一般深邃，最能表現瑪利亞無限寬廣的愛。

如此尊貴的顏色，索價當然也不便宜，一百弗羅林金幣（約新台幣五十九萬元），只能買一磅的群青。大部分畫家只能用藍銅礦所製的「石青」（Azurite）來畫藍色。歐洲人喜歡用「石青」來形容地中海，像是法國南部美麗的「蔚藍海岸」（Côte d'Azur）。這種顏色

米開朗基羅《耶穌下葬》

有大海的味道，畫家也喜歡它深厚的質感，只可惜與群青相比，仍欠缺了那份尊貴與神秘。

不過也因為石青價格比較合理，一般畫家都用石青來取代群青，當然也就要承擔它質變的風險。《耶穌下葬》就是代表性的案例，原本帶有地中海色彩的石青，褪色為海底搖曳的濃綠。

設想一位事事追求完美的藝術家，想到自己的作品可能引領風騷、流傳百世，作畫時，會使用褪色的顏料嗎？米開朗基羅不願意妥協，用次級顏料完成畫作。因此在西元一五〇一年，當父親告訴他新共和政府決定重啟大衛像的雕刻工作，米開朗基羅毅然決然地放下在羅馬的《耶穌下葬》，返回佛羅倫斯，接下《大衛》的雕刻案。

西元一五〇四年，索德里尼和他的新政府議會仍費盡心思，積極努力地想提升佛羅倫斯的城市價值與市民精神，再次向世界展示，無論在物質與精神上，佛羅倫斯仍是強大富裕的共和政府。歷經了麥迪奇家族的僭主統治、法王查理八世的入侵、薩佛納羅拉失心瘋的宗教煽動，再加上托斯卡尼諸多附屬城邦的叛離，一連串的內憂外患，讓佛羅倫斯新成立的共和國政府疲於奔命，心力交瘁。

此時此刻的共和國，需要可以振奮人心的愛國方案。之前米開朗基羅的《大衛》成功樹立典範，為市民注入一股元氣。這一次，索德里尼再次把目光投向繪畫，這樣的消息傳出，讓義大利半島的藝術家們個個摩拳擦掌，焦慮且熱切地期待著。每個人都知道，這可是風雨名山的千秋大業，完成了這件案子，自己的名字就能流傳千古。

街坊許多藝術史的書籍，都將索德里尼描寫成一位膚淺又囉嗦的政治暴發戶。這樣的形象主要來自於瓦薩里的敘述（或是虛構）。有一則廣為流傳的故事是這樣說的，當《大衛》被安置在維奇奧宮的大門時，索德里尼每天都前往工地現場關心，有一天，這位佛羅倫斯的終生執政官遇到了年輕雕刻家米開朗基羅，端出了身為政府官員的文化架子，忍不住向他抱怨：

「你雕刻的《大衛》真是不錯，不過你有沒有覺得，鼻子大了點，如果能修飾一下那就完美了！」

「是嗎？」

米開朗基羅聽到執政官的要求，偷偷在手中抓一把石灰，然後爬上工作台，假裝奮力敲擊。

當大理石灰紛紛落下後，索德里尼對米開朗基羅微笑說，「就是這樣，好多了！你賦予了這塊石頭生命。」一面對揚長而去的執政官，米開朗基羅沉默不語。

米開朗基羅當然沒有做任何修改，而且這則故事的可信度也有待商榷，畢竟米開朗基羅對笨蛋（尤其是受過高等教育的笨蛋）從不假辭色。況且，索德里尼也不是藝術的大外行，應該不至於如此。不過索德里尼的運氣一向不是太好，亞諾河改道計畫就是慘痛的前車之鑑，假使他的計畫工作都沒有被打斷，或許索德里尼也可以像「偉大的羅倫佐」一樣，列名為文藝復興時代的偉大贊助者。

像溼壁畫一樣

西方有句俗諺「Stare Fresco」，意思是指「像溼壁畫一樣的」，比喻事情麻煩、困難重重，由此大概可窺溼壁畫之難。有許多藝術家精通蛋彩畫或油畫，唯獨對溼壁畫的拱頂及高牆，顯得失能而無助。瓦薩里就在《藝術家列傳》中提到：「溼壁畫是所有繪畫技法中最具英雄氣質、最有男子氣概，最果斷明確、也最恆常持久的一種。」沒有機會主義的僥倖偶然，也沒有曖昧含糊的遊戲性質，相較於溼壁畫陽剛的表現風格，蛋彩變成了「嬌弱的客廳遊戲」。

人類在溼灰泥土上作畫的歷史可說是淵源流長。我在希臘克里特島克諾索斯（Knossos）的宮殿裝飾，以及聖托里尼島的壁畫「番紅花採集者」上，就看見了西方溼壁畫的原始形態，後來在義大利南部的龐貝城遺址也欣賞到羅馬人精采的作品。

希臘克里特島克諾索斯的宮殿裝飾

（左）龐貝遺址中的壁畫（右）聖托里尼島的壁畫「番紅花採集者」

到了十一、十二世紀的義大利半島中部，溼壁畫開始大量地被使用在教會之中。我想主要原因有兩個，首先是手工業與金融業的發展，城市有錢了，開始把財富用在教會之中，這是一種自我誇誕的虛榮。另一方面則是出於罪惡感，中世紀的人們相信《馬太福音》上所說的：「即使駱駝穿過了針眼，以錢套利的人仍不可以上天堂。」把錢「投資」在興建教堂、神學院、修道院，就可以得到赦免，取得天國的通行證。

而溼壁畫會在義大利復興，第二個原因是得天獨厚的地理條件。從佛羅倫斯一路往東南到西耶納的山區，到處都是溼壁畫製作的原料：富有硫酸鈣的石灰岩（溼壁灰泥的基底）、赤紅的赭石、被稱為「石綠」的孔雀石、富含黃色氧化鉛的「密陀僧」鋅礦石……高達十數種黏土礦物。每當我路經奇揚第（Chianti）、蒙塔奇諾（Montalcino）、蒙特普奇亞諾（Montepulciano）這些美好的酒區時都在想像，這片豐饒富庶的土地種出來的不只是辛辣芬芳的葡萄酒，還有優雅不凡的文藝復興。

溼壁畫原文為Fresco，原來的意思是「未乾的」，顧名思義就是在將乾未乾的灰泥上畫畫。當然，完整的溼壁畫製作流程，涉及一系列小學課本都有教過的化學變化，大致上的步驟是這樣：首先，畫家用生石灰與沙，調製出適合做畫的石灰砂漿或熟石膏，再加水調合成氫氧化鈣，也就是被稱為「因托納可」（Intonaco）的溼灰泥。然後在這層被稱為「阿里其奧」（arriccio）、已經乾透的石灰泥牆壁，塗上一層厚度一公分左右的溼灰泥，畫家就是要在平整光滑的「因托納可」上快速地作畫。太溼的話，顏料會暈開，太乾的話，顏色又滲不進去，日後容易掉色剝落。

畫家在溼壁上作畫時，只要用水調和顏料就可以了，蛋彩畫與油畫所需要的膠著劑（蛋、油、植物性膠，甚至是動物的血與人的耳垢），在這裡全都派不上用場。因為當「因托納可」乾燥後，顏料和石灰牆會合而為一，牢牢地固定在建牆面裡。

不過，溼壁畫聽起來很容易，實際上操作卻十分困難，一個閃神，好幾天的心血就前功盡棄。最主要是「因托納可」保溼期間相當有限，大約只有十二到二十四小時左右，而且還與季節天氣相關。一旦上了色，就沒有修改的餘地，來不及作畫的部分，乾了就不再吸收顏料，最後也只能打掉。

正因為在溼壁上作畫是一項與時間賽跑的工作，畫家每天只能塗抹一天能完作的面積，義大利文稱「喬納塔」（Giornata），其實是「una giornata di lavoro」的簡稱，指的是「一天的工作量」。

溼壁畫的起源

文藝復興時期使用的溼壁畫技法，大約是在十三世紀後半，脫胎於卡瓦里尼（Pietro Cavallin，意思是『小馬』）與契馬布埃（Giovanni Cimabue，意思是『牛頭』）的工作室。這兩位年紀相當、對彼此長相也頗有意見的畫師，將古羅馬與義大利半島原住民伊斯特拉坎人裝飾墓室的壁畫加以改良，帶到大家的面前榮耀上帝。同時也把溼壁畫的技巧傳授給許多學生。其中最青出於藍的莫過於被瓦薩里評為「偉大繪畫時代開山始祖」的喬托。

相傳喬托本來只是個小牧童，有一天用木炭在大石頭上畫了一隻栩栩如生的小綿羊，沒想到其他母綿羊看到後竟對著石頭咩咩叫，拉也拉不走。路過的契馬布埃看見後，就勸喬托的父母親讓他學畫。

契馬布埃沒有看走眼，這位牧童後來成為文藝復興前期最偉大的畫家。我認為喬托最動人的一點，在於他能將「激情」與「眼淚」帶進藝術，走入紅塵。喬托為帕多瓦的斯格洛維尼禮拜堂所繪製的《瑪利亞的一生》與《耶穌的一生》就是最好的證明。他將眾所皆知的神蹟，化為平凡日常的生活體驗，把困苦艱辛的試探，變成你我都曾經歷過的人性考驗。

喬托告訴我們，在神話與傳奇中那些超凡入聖的人，其實和你我一樣，在面對死別生離時，同樣也有歡喜悲傷。

米開朗基羅《創世紀》裡的亞當跟夏娃

因為喬托，接下來的三百年，溼壁畫被認定為最具敘事性與抒情性的繪畫形式。

溼壁畫的畫家在作畫時，常把牆面或拱頂劃分成十數個、甚至數百個喬納塔，每個大概是一．五平方公尺左右，不同日期完成的喬納塔，還會有些微色差，嚴重的話必須全部砍掉重練。

最明顯的例子，就是馬薩奇奧在佛羅倫斯布蘭奇卡禮拜堂所畫的《失樂園》，亞當與夏娃的顏色有明顯的不同，想必是當初畫得太倉卒，沒時間打掉重畫，況且，馬薩奇奧將亞當和夏娃兩人懊悔羞恥的形貌表現得淋漓盡致，任何在現場看畫的人都會被畫中飽滿的情緒所感染，因而忘了馬薩奇奧的疏忽。

有些畫家為了加速溼壁畫的作業，會練就雙手並用的技能。與米開朗基羅同時代的亞斯佩提尼（Amico Aspertini）就以快手著名。亞斯佩提尼在西元一五〇七年於路卡（Lucca）為聖弗雷迪亞諾聖殿（Basilica di San Frediano）繪製十字禮拜堂的天棚溼壁畫時，就把所有的顏料瓶掛在腰間。聽說當時亞斯佩提尼作畫的現場因為太過精采，老是擠滿了看表演的人群。不過，即使像亞斯佩提尼這樣的快手，也花了近兩年才完成十字禮拜堂的天花板。

擁有眾多助手與學徒的吉蘭達約，也費了五年多時間，才完成托爾維博尼禮拜堂的委託。米開朗基羅在畫《創世紀》時，在工作後半，幾乎是獨立作業，甚至只用了四年半就完成，不能不說是人類偉大的藝術奇蹟。

馬薩奇奧《失樂園》裡的亞當跟夏娃

《最後晚餐》的成與敗

西元一五〇三年十二月，也就是《大衛》預定曝光的前一個月，在馬基維利的牽線之下，達文西與共和國政府簽訂了新的工作合約，在寬廣的五百人議會大廳牆上作畫。

十年前，四十三歲的達文西花了三年的時間，完成了巨幅畫作《最後晚餐》（Ultima Cena）。「最後晚餐」敘述耶穌和門徒最後一次共進晚餐的故事。事件發生在猶太人最重要的節日逾越節，紀念他們掙脫在埃及當奴隸的日子。在那次歷史事件中，猶太人經歷上帝的拯救，得到自由。而傳統上所描述「最後晚餐」，著重的是耶穌要再次透過逾越節告訴門徒，上帝正準備開展另一次拯救事件，並記錄神聖的彌撒儀式的誕生。

我很喜歡英國歷史學家卡萊爾所說的：「如果靈魂是某種脾胃，那麼一起吃東西不就是精神的聖餐嗎？」遠從古希臘時期，畢達哥拉斯的門徒就相信食物與禮儀能形塑人的性格，最後晚餐所傳達出的就是這樣的訊息。無論是美國的感恩節火雞、日本新春的散壽司、猶太傳統的逾越節晚餐、伊斯蘭的開齋節，到我們的除夕夜圍爐，在古老的文化傳承中，在重大節日的餐桌上，情感親密的人們都要一起享受食物，分享生命的喜悅。

值得一提的是，微波爐的發明，讓食物失去了社交意義，我們隨時隨地都可以吃到熱食，當人們不再同桌用餐，不再分享生活時，「家庭」終將走向支離破碎。

這或許也就是為什麼我們特別鍾愛「聚餐」、「烤肉」這種社交形式。透過這些活動，將烹飪技術變成飲食文化的藝術，最後能改變用餐者，成為延續文化與生命的魔術。

西方宗教文化中，「最後晚餐」反映了每個觀賞者心中對生活的期待。不過達文西所呈現的《最後晚餐》，並不是平安喜樂的聖餐禮，而是與門徒們共進的「最後一餐」，提出其中有人背叛耶穌的驚人預言：

達文西

聖母感恩禮拜堂

「我得實實在在地告訴你們，你們中間有一個人要賣了我。」門徒彼此對看，猜不透所說的是誰。

——《約翰福音》第十三章第二十一節

為了突顯人性的衝突與陰暗，達文西所選擇的故事，充滿了猜忌、懷疑與背叛。如果人可以預知死亡的來臨，那我們究竟該如何自我安頓呢？

多年前，一個金秋的午后，我像一片落葉般，飄然來到米蘭拜訪名列世界文化遺產的聖母感恩禮拜堂（Santa Maria delle Grazie），達文西的《最後晚餐》就畫在餐廳的牆壁上。想看這幅畫並不簡單，從兩個月前就得打電話或上網預約，參觀當天還要提前一小時取票。現在《最後晚餐》像是無菌室的病人般備受呵護。畢竟，過去這幅畫，有將近四百年的歲月被輕忽且粗暴地對待。

達文西《最後晚餐》

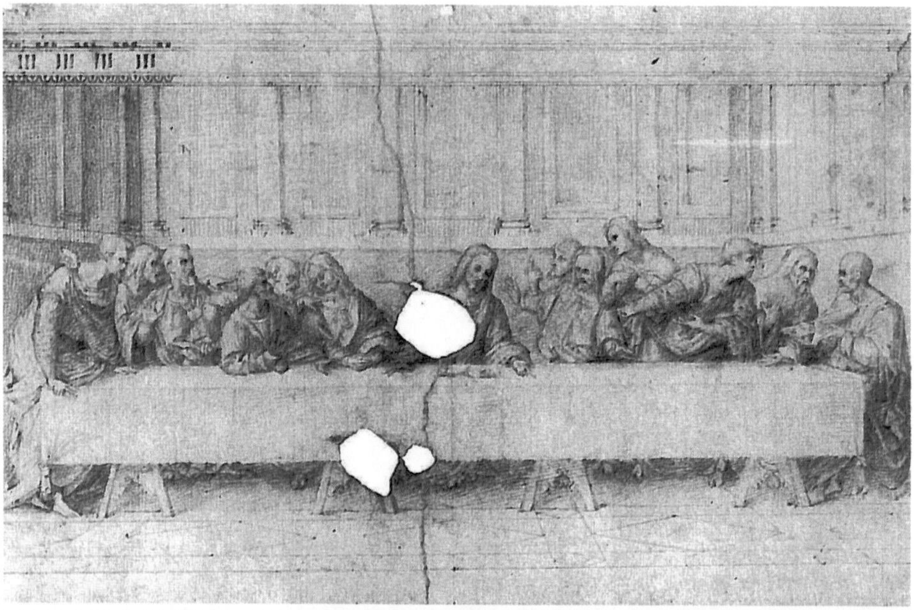

達文西《最後晚餐》的木炭素描（上）與筆記手稿（下）

首先是先天不良。《最後晚餐》所在的牆下，是一口極其潮溼的水井，牆的背後則是燠熱難耐的廚房，畫所在的現場又是人聲雜沓的大食堂，種種因素宣告了《最後晚餐》極為不利的保存條件。再加上後天也嚴重失調，後人居然在牆上挖洞，把餐廳當做馬廄、火藥室、倉庫或酒窖，在第二次世界大戰期間，甚至有將近三年的時間，畫作暴露在日曬雨淋、風沙霜雪之中，令人心痛。

不過最不幸的，莫過於達文西為《最後晚餐》所進行的大膽試驗。達文西嘗試將三種不同形式與媒材原料：蛋彩畫（Tempera）、油畫（Oil painting）與溼壁畫（Fresco）的繪畫技法合而為一。在達文西的想像中，這種前所未見的技法，應該具有蛋彩畫色層細膩、高雅迷人的古典風味，油畫則富有濃厚抽象性、情感渲染力，再加上溼壁畫肌理分明、厚實嚴謹的原則，理性與感性兼容並蓄。達文西的實驗如果成功，我們的藝術史就會以完全不同的面貌出現。

同樣是溼壁畫，同樣是四年，達文西就很難只做一件委託案。從我手上的歷史紀錄來看，達文西不僅喜歡一心多用，而且喜歡大膽嘗試新技法！他在製作《最後晚餐》時，把原本應該塗上礦物顏料的「因托納可」上，使用了油料與蛋彩混合的實驗性顏料，當達文西畫到一半時，就發現問題大了。這種新顏料在溫度、溼度，甚至是光線條件改變時，就會開始變質劣化。《最後晚餐》還在繪製期間，它就已經開始脫落掉色，到了一五一七年，根據教會的紀錄：「作品已經剝落到無法辨認」。不過，達文西似乎一點都不在意，作品能不能維持到世界末日，或只是片刻的榮耀，他都不改其志、心滿意足。

當我站在畫作前注視，一種強烈的幻覺油然而生，好像我也在現場，正目睹這一切的發生。想必畫作剛完成的時候，一定更為驚人，當年許多旅人慕名前來，只為了匆匆一瞥，看看達文西如何重現神聖的場景。達文西對透視法的瞭解，在同時代無人能出其右，他把食堂兩側的牆壁畫出幾何延伸，消失在最後晚餐的透視點中心，達文西透過精準的數學原則打破空間的局限，畫裡外的世界全都消融於一體。

「即使在黑暗中，它也散發出神聖的光亮，讓我睜不開眼睛。」一位來自勃艮第的貴族在他的日記寫下如此描述：「當我回過神時，發現自己早已淚流滿面，而且，身邊的每個人也都一樣……」《最後晚餐》的原始場景，就設在修道院的大食堂內，每天，修士們在這裡一起享受食物，歌頌宇宙生生不息的美好，信任與懷疑、生命與死亡，透過《最後晚餐》，每個人都能默默地與自己的內心對話，這不僅是餐桌禮儀或是宗教儀式可以解釋的。達文西向我們展示的，是個人與無限之間的永恆追尋。

就藝術本身來說，《最後晚餐》是一部感人至深的偉大作品；但就工藝層面來討論，達文西的實驗是無力回天的失敗之舉，這樣的失敗，不僅是藝術家個人的損失，也可能是人類文明的一大遺憾。更可惜的是，達文西並沒有記取《最後晚餐》失敗的教訓，他打算把腦海中其他異想天開的繪畫實驗，運用在新委託案上：佛羅倫斯維奇奧宮五百人大廳的壁畫。

CHAPTER · 7

巔峰對決

達文西的神話

十九世紀，法國傑出的文學家馬利・亨利・貝爾（Marie-Henri Beyle）（他還有另一個更響亮的筆名「斯湯達爾」），年輕時曾追隨拿破崙的軍隊，前進義大利，在米蘭待了一段時間。斯湯達爾花了不少時間，到處走走看看。他後來的人生也很精采，先是參加了拿破崙俄羅斯遠征軍，灰頭土臉地逃回家後，開始認真地從事文學創作。回家的第一件事，就是把年輕時在羅浮宮工作，以及加入義大利遠征軍的所見所聞，寫成法國出版史第一部大賣的藝術史書籍《義大利繪畫史》。

斯湯達爾在《義大利繪畫史》中，把米開朗基羅和拉斐爾捧上天，譽為「古往今來第一人」，關於達文西的部分則不算太多，提到《蒙娜麗莎》的次數寥寥可數，但只要談到《最後晚餐》，就無條件給予極高的評價：「如果把歐洲藝術比喻為一座拱頂，那麼達文西的《最後晚餐》就是那塊拱心石！」

在斯湯達爾無可救藥的浪漫主義情懷中，他認為達文西有三件不世出的傑作，分別是《最後晚餐》、《安吉里之役》，以及為弗朗切斯科・斯福爾扎一世（Francesco I Sforza）所製作的《青銅巨馬》（Gran Cavallo di Bronzo）。在這清單之中，《最後晚餐》歷經劫難後嚴重損毀，其他兩件雖然是野心之作，但都只是未竟的半成品。

達文西《青銅巨馬》的後世續作

對達文西的神化，並非斯湯達爾一人所為。實際上，十九世紀逐步成形的達文西崇拜，漸漸地把達文西的名聲推向高峰，靠的居然都是從未有人見過，或是從未完成的作品，這實在令人匪夷所思。

如果把時空場景再置換回西元一五〇四年的佛羅倫斯，那麼我們就有機會更貼近歷史的真實與核心。

在《大衛》的遮羞布事件之後，脾氣乖戾的米開朗基羅，對達文西這位前輩的不滿，可說是溢於言表，路人皆知。這位年輕雕刻家在某次公開場合表示，達文西在米蘭的《青銅巨馬》根本就是不切實際的計畫，達文西本人也沒有能力完成這樣的巨型雕塑。如果這座高七·二公尺，重達七十噸的巨像能夠完成的話，它極可能是自古羅馬時代以來，世界上最大的青銅塑像。為了呈現斯福爾扎大公不怒自威的懾人氣勢與戰馬精確而完美的肌肉線條，達文西走出戶外，花了相當多時間研究馬奔跑、跳躍的運動姿態。甚至到製革廠購買死馬，一匹匹解剖，丈量分析每一寸肌理、骨骼，就像《維特魯威人》所傳達的訊息一樣，達文西運用數學幾何原則，來突顯青銅巨像的存在感。

而且，根據原始手稿的設計，達文西將巨馬的前蹄高高舉起，下方安置了幾位丟盔棄甲的士兵，倉皇恐懼地回首望向坐在馬背上霸氣十足的斯福爾扎大公。場景越複雜，製作難度與預算就會等比增加，當時沒有一個人看好這個計畫。

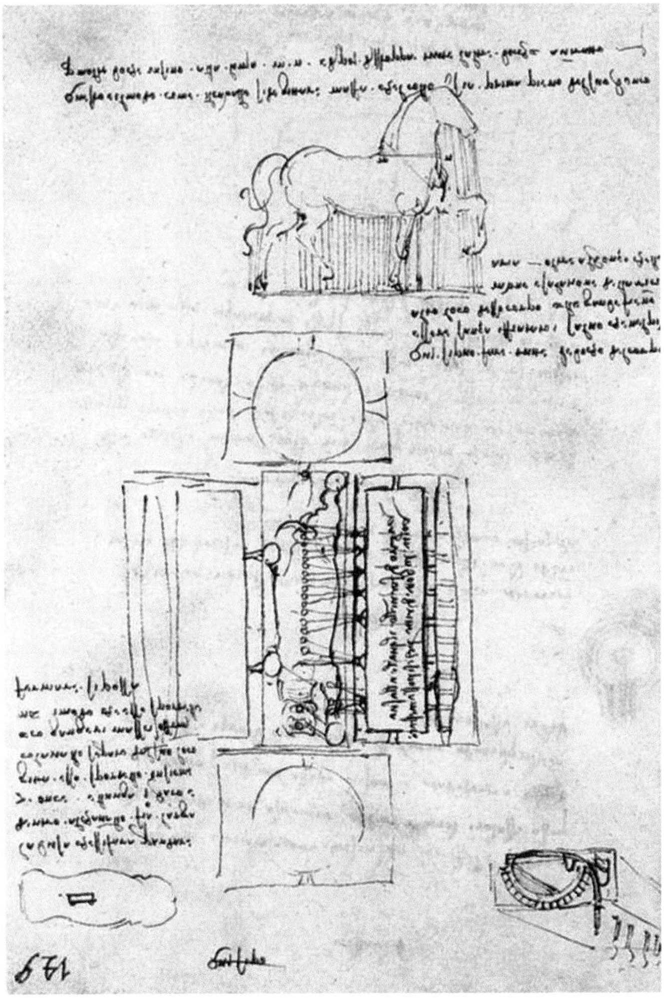

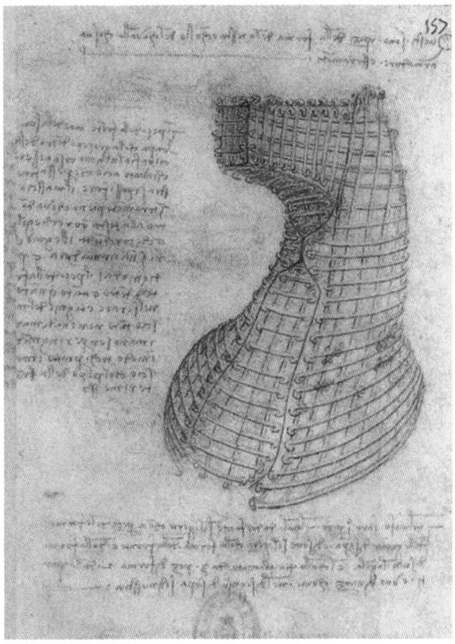

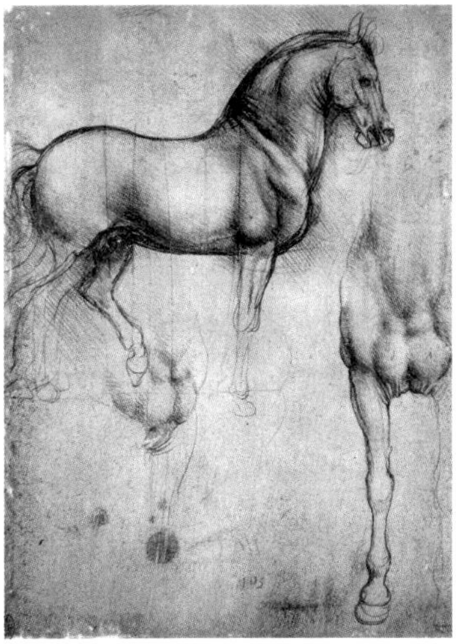

達文西手稿中，《青銅巨馬》的製作草圖與素描研究。

《青銅巨馬》在籌備期間，就已經是國際馳名的大案了，一如二十一世紀杜拜興建全世界最高的哈里發塔（Burj Khalifah）一般驚人。只可惜達文西花了十六年的心血，最後為青銅澆灌所製作的陶土鑄模，在西元一四九八年時被法國軍隊當做弓靶整組打壞了。但從達文西所留下的文字與素描看來，這都是一件可能完成的驚世巨作。

一場哲學的思想攻防

對於米開朗基羅的攻訐，達文西是否有任何回應，我們不得而知。同樣的，達文西是否有說過米開朗基羅「是個整天在灰塵與碎屑中討生活的雕刻師，就像工人一樣低賤可鄙」的刺激性言論，我們也無從查證。但是西元一五〇四年之後，佛羅倫斯街頭有關這兩位天才水火不容的傳言甚囂塵上。

所以，當兩位天才即將為同一件作品競圖的消息傳開後，不只是好事的佛羅倫斯人，就連其他的城邦國家也抱著看好戲的心情，關心接下來的發展。

在馬基維利的引薦下，達文西和索德里尼簽署了一項密約，就是在維奇奧宮大議會廳的牆面上繪製一幅長十六・二、高六・六公尺的溼壁畫，規模是《最後晚餐》的二・五倍，米開朗基羅《最後審判》五分之三大的尺寸。但是到了《大衛》事件後，米開朗基羅成為共和政府「愛國計畫」的不二人選，擅於操作輿論民意的索德里尼，決定在達文西畫作的

拉斐爾《雅典學院》。畫面中央的白髮長者為哲人柏拉圖，是以達文西為原型繪製；畫面前方坐在階梯上的握筆倚桌思考者為哲人赫拉克利特，並以米開朗基羅為原型繪製。

對面，讓米開朗基羅製作同一主題的溼壁畫。這不僅是一場藝術的戰爭，也是文藝復興時代哲學理論的戰爭。

另一位文藝復興時期的偉大藝術家拉斐爾，於西元一五一〇年所完成的《雅典學院》（La Scuola di Atene）中，就把哲學家柏拉圖繪成達文西的模樣。但我認為達文西的生命本質其實更接近新亞里斯多德主義的觀點：以理性邏輯與科學實務方式探索自然。他的手稿就是最好的證明。

反觀米開朗基羅，年少時接受過米蘭多拉的薰陶，所以他說過：「大理石本身就禁錮著思想，我要做的，只是把大衛從石頭中解放出來……」這樣的藝術觀點遙遙呼應柏拉圖「理型」的概念，證明了他是位不折不扣新柏拉圖哲學實踐者。在《雅典學院》中，柏拉圖的手指天空，象徵形而上的抽象辯證，而亞里斯多德的右手平伸，代表對現實形而下的探索。

米開朗基羅與達文西之間的對場競爭，就哲學層面來看，正好是一場唯心主義與唯物論的思想攻防。

安吉里之役：激情與線條的完美呈現

在競圖的主題選擇上，索德里尼規定藝術家必須重現佛羅倫斯共和國勝利崇高的關鍵時刻。達文西挑選的是發生在西元一四四〇年六月二十九日的《安吉里之役》（Battle of Anghiari）。當時，進犯共和國的米蘭大軍正要越過托斯卡尼邊境的台伯河河谷，攻擊方的指揮官是自負冷酷、足智多謀且從來不敗的尼可羅．畢其諾（Niccolò Piccinino），而防守方是以佛羅倫斯、羅馬教皇國與威尼斯共和國的義大利同盟軍。

聽到「不敗的畢其諾」率大軍來犯的消息時，佛羅倫斯舉國惶然。遠道而來的尼可羅．畢其諾以過去的經驗判斷，臨時拼湊起來的同盟軍必然士氣低落，不足為敵，所以原本可以進行奔襲閃電作戰的米蘭軍，決定讓疲憊的兵馬好好休息一晚，隔天下午再進行「不戰而屈人之兵」威嚇鎮壓的作戰計畫。這個失誤讓佛羅倫斯偷得空隙可好整以暇地擬定戰略，也讓馳援的威尼斯騎兵順利加入戰局。

達文西《安吉里之役》／彼得·保羅·魯本斯仿作

隔天，也就是四月二十九日上午，兩軍於台伯河畔的小村安吉里遭遇，由於佛羅倫斯取得先機，控制了台伯河上唯一的一座橋，讓米蘭軍身陷在河畔邊小小的絕地之中，從白天打到黑夜，甚至被佛羅倫斯聯軍用計分割成不同的小區塊，讓米蘭的優勢兵力在小地方完全使不上力。最後米蘭軍前線崩潰，不敗的畢其諾落荒而逃，義大利同盟大獲全勝。雖然《安吉里之役》只是系列戰爭中的其中一場，卻足以保衛剛剛綻放出自由花朵的佛羅倫斯。

像這樣國家級別的委託案，一定要有個適合作業的繪圖工作坊。尤其是維奇奧宮內的五百人大議會廳，總是熙來攘往、人聲鼎沸，而且隨時都有會議要進行，不太適合創作。對於尤其需要空間沉思的藝術家而言，大議會廳不是個理想的工作場所。

達文西選擇了新聖母福音教堂修道院的大迴廊，進行《安吉里之役》的草圖製作。並向教會租借「教皇室」（Sala del Papa）做為自己暫時的居所。之所以被稱為「教皇室」，是因為在中世紀時，每當羅馬教皇前來佛羅倫斯巡視拜訪，一定會下榻新聖母福音教堂的教皇室內，後來共和國接待外國使節貴賓，有時也會安排住宿教皇室。

達文西為了《安吉里之役》描繪了數以百計、不同視角、不同尺寸大小、不同部位的細部分解圖。這段期間，他除了埋首於《安吉里之役》的草圖以外，同時也做了不少事情。

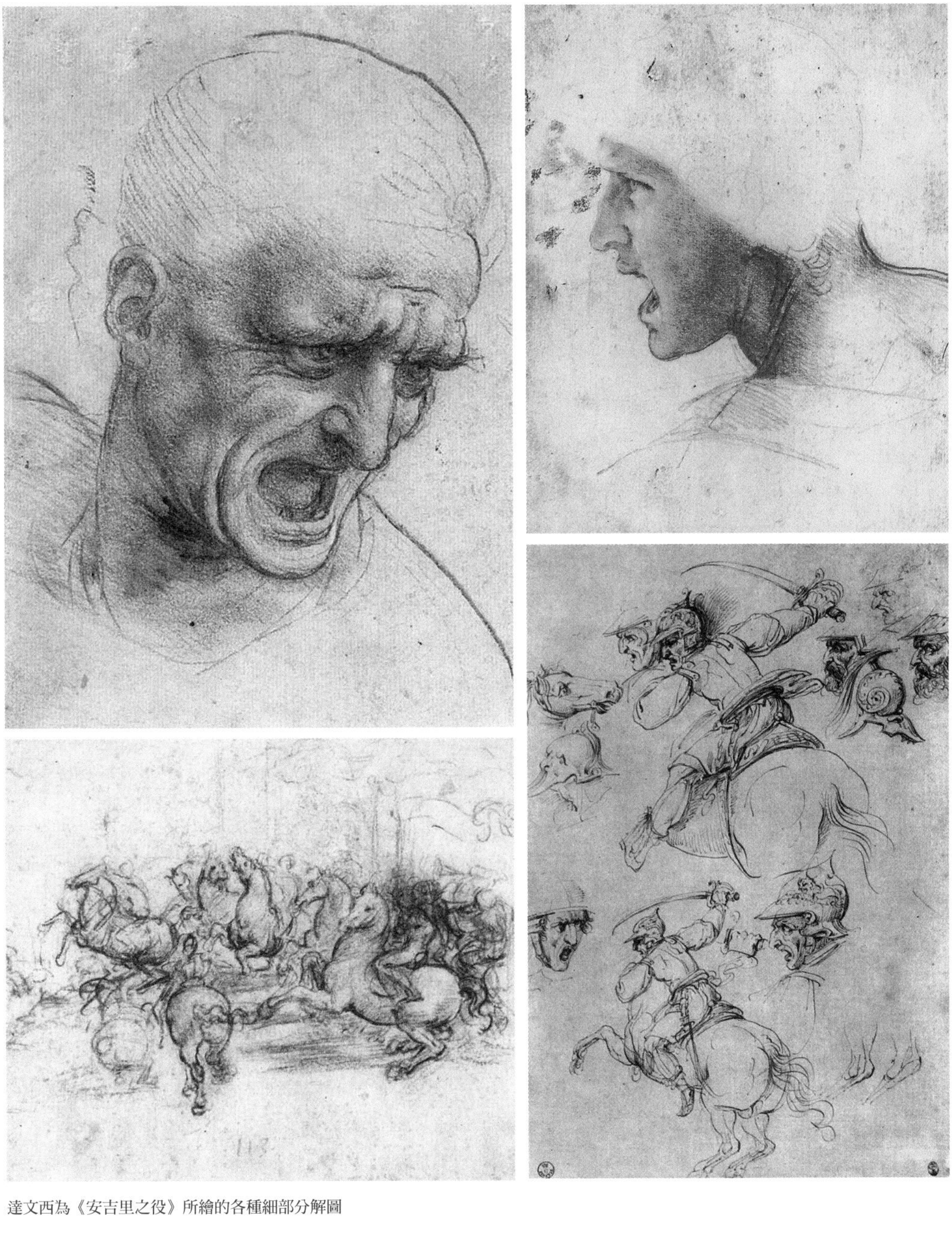

達文西為《安吉里之役》所繪的各種細部分解圖

我們從達文西的筆記本內，發現他其他的文字紀錄，包括了個人財務支出：「我買了兩件很好看的阿拉伯長袍禮服、亞諾河改道示意圖、星期三下午天空流動的雲、大砲發射火藥的配方、奧維德《變形記》裡的神話典故、防禦碉堡的施工計畫……」許多人總以為達文西的筆記，只是一頁又一頁漂亮的素描，但對於藝術史家而言，這樣的雜記是文藝復興時代菁英生活的橫切面，從中可以看見許多不為人知的有趣故事。

對於索德里尼與新政府而言，每位藝術家都應該責無旁貸且全心全意地投注在大議會廳的溼壁畫上，但對達文西來說，《安吉里之役》只是眾多工作的其中一項而已，儘管如此，其結果已讓世人驚歎不已。

多年前，年輕的達文西曾經以《聖母領報》嶄新的透視手法打動佛羅倫斯，這一次繪製《安吉里之役》的底稿草圖，達文西打算以全尺寸，即一比一的規格來呈現，真的做到未揭曉先轟動！這一比一的消息一出，好奇的佛羅倫斯人都引頸期盼。

達文西在米蘭的研究，最終還是讓世人見識到他過人的藝術天分與科學精神。《安吉里之役》的視覺焦點，是構圖中央兩方騎士與戰馬激突混亂的廝殺場面，達文西想要呈現的，是戰爭的激情與殘酷。達文西之前用了近十六年的時間研究馬的神情姿態，雖來不及在《青銅巨馬》塑像實現，卻在此得以展現。騎士的表情猙獰、相互叫囂，手上高舉著彎刀，隨時準備砍下敵人的首級。戰馬的肌肉厚實有力，騰躍的馬蹄落下時，像是能把世界踩個粉碎。

草圖下方，有許多被鐵騎踐踏的士兵，在泥濘中掙扎求生，瀰漫著死亡即將降臨的驚恐。上半部的瘋狂野蠻與下半部的恐懼無助形成極端的對比。敵我雙方來回衝激，撞擊成了一團血與沙的殺戮曼荼羅，所有的一切，界限不再清晰明朗，推擠得像是引爆氫彈的核融合，隨時要釋放出毀天滅地的巨大能量。

同時，達文西將最擅長的暈染法也運用在《安吉里之役》，多層次的塗抹，不僅營造出漫天沙塵與無止境的血腥，也畫出了最極致的凶戾憤怒。雖然達文西吃素並厭惡戰爭，卻對混亂與暴力有某種深度的迷戀，況且別忘了，他在米蘭的斯佛札家族與切薩雷．博吉亞麾下服務時，曾上過戰場，見識過人類最無情冷血的戰爭愚行。當達文西繪製《安吉里之役》時，他把多年來在餓殍盈野的戰場真實見聞，轉化為佛羅倫斯的歷史光榮。

切薩雷．博吉亞素描／達文西繪

一方面，達文西歌頌「激情」，激情引領著人類，創造與毀滅、忠貞與背叛、昇華與沉淪、死亡與重生。另一方面，《安吉里之役》以恐怖訴求人心，自由與和平得來不易，無論是開創還是守成，流血，甚至是死亡是必要的代價。

在達文西的心中，偉大的共和國是佛羅倫斯人爭取自由獨立的激情所創造出來的。

卡西納之役：戰爭前的五分鐘

雖是同場競圖，達文西的《安吉里之役》草圖卻較米開朗基羅的草圖率先公布在大眾眼前，在佛羅倫斯引起天大的騷動，它真的嚇到了所有人，包括心高氣傲的米開朗基羅。米開朗基羅一生沒上過戰場，對於殺陣的揣摩，比起見識過戰爭的達文西，少了一股真實。

英格蘭牛津艾許莫林博物館（Ashmolean Museum）裡，收藏有幾張米開朗基羅觀看《安吉里之役》後，模仿其中場景的速寫稿。他嘗試捕捉士兵們在戰場上面對死亡的怯懦與從容，只不過肢體顯得有些平板僵硬，好像沒上過藝術解剖的學生一樣生澀。不過天才到底是天才，米開朗基羅很快地再一次超越了自己，擺脫達文西的影響，他也用自己的方式，以「激情」來對抗「激情」，只是觀點面向不同。

米開朗基羅觀看《安吉里之役》後的素描

米開朗基羅的選擇是另一場光榮戰役：西元一三六四年七月二十八日的「卡西納之役」（Battle of Càscina）。根據歷史記載，長期受到佛羅倫斯脅迫的比薩決定反擊，僱用傭兵大師約翰·霍克伍德擔任總司令官，沿著亞諾河上行，一路燒殺擄掠。共和國聞訊，由馬拉泰斯塔（Galeotto I Malatesta）統領共和國軍隊進行抵抗。佛羅倫斯決定避開霍克伍德的鋒銳，趁比薩城內空虛，大膽奔襲直取比薩市區。

不過霍克伍德也不是省油的燈，早已安插間諜在佛羅倫斯的軍隊中。七月二十八日這天，由於天氣異常燠熱，佛羅倫斯士兵難耐烈日的炙燒，就在比薩城外不遠的卡西納小鎮，脫去沉重的盔甲，紛紛跳進神聖的亞諾河中。霍克伍德接獲情報後喜出望外，帶著一支快速部隊，想偷襲卸甲休息的佛羅倫斯部隊。

結果，上帝也開了霍克伍德一個大玩笑，在酷暑烈日的折磨之下，原本應該進軍神速的突襲隊，竟也變得遲鈍蹣跚。佛羅倫斯的斥候兵大老遠就看到霍克伍德騎兵奔馳的煙塵，共和國士兵聽到戰場緊急呼喚的號角響起，迅速著裝迎擊比薩軍隊，戰事在電光石火之際就已結束，痛失先機的霍克伍德僅以身免，脫離戰場，崩潰的比薩軍則繼續遭到佛羅倫斯大軍的殺戮。

此次戰役結束時，比薩方面約有一千名士兵陣亡，兩千名遭到俘虜。比薩在這一次軍事行動中元氣大傷，也為自己敲響了亡國的喪鐘。

米開朗基羅製作《卡西納之役》前的素描研究

米開朗基羅再次運用了非傳統敘事手法。既然無法完美捕捉戰場上生死一線的激昂，他決定描寫大戰前夕的緊繃氛圍與戲劇張力。

米開朗基羅將場景設定在亞諾河畔，佛羅倫斯的士兵們在河裡悠閒地享受片刻的休憩與幸福。突然敵軍來襲，被驚嚇的士兵紛紛衝上岸，迅速著裝，準備迎擊逆襲的敵軍。而且，米開朗基羅也選擇了他最擅長的主題「裸體男子」來表現，透過裸體男子們各種扭曲、誇張的肢體，突顯出戰事逼近的窘迫危急，甚至是戰爭的無稽荒謬。

裸體是靈魂的外在形式

米開朗基羅的《卡西納之役》，明顯地受到文藝復興時代另一位大師波拉約洛（Antonio del Pollaiolo）的影響。波拉約洛在義大利文的意思是「雞販」，這樣的名字說明了藝術家的出身。波拉約洛於西元一四七〇年刊印的版畫《裸體戰役》（Battaglia di dieci uomini Nudi）裡描述，被播種到土地之中的龍牙，生長出一個又一個兇惡又無知的武士，他們手持長劍、短刀、匕首、弓箭、斧頭……像是古羅馬競技場上的鬥士，彼此間充滿了莫名的仇恨，全都殺紅了眼，陷入無止境的相殘，而推動這一切的，是致人於死地又無以名之的凶惡念頭，換句話說，他們是為殺戮而殺戮，甚至可說是為殺戮而存在。

我在佛羅倫斯的烏菲茲美術館裡，看過波拉約洛另一件出色作品《海克力斯與安泰俄斯》（Hercules and Antaeus），安泰俄斯是神話傳說力大無窮的巨人，只要雙腳接觸地面，就可以從大地吸取無限的能量。而希臘神話中最偉大英雄海克力斯，意外發現安泰俄斯的秘密後，將他高高地舉起，用「熊抱」的方式在半空中扼死安泰俄斯。圖中透過裸體與肌肉，展現殘酷、恐怖、痛苦與死亡的面貌。我常想，米開朗基羅想必也看過波拉約洛的創作，那激情又粗暴的敘事風格，一定影響了初出茅廬的年輕雕刻家。《卡西納之役》構圖上與《裸體戰爭》有類似的風格，不同的是米開朗基羅把血腥成分降到最低，讓畫中的裸體男子充滿了運動感。

米開朗基羅有三件作品在藝術理念、表現手法與時代精神上，可說是一脈相承，分別是《人馬族之戰》、《卡西納之役》與《創世紀》中的大洪水的場景。年少時，米開朗基羅除了醉心於米蘭多拉帶有神秘色彩的人本思想外，很少人知道他也曾是薩佛納羅拉的狂熱信徒。

這位面容削瘦蒼白的道明會修道士，在聖母百花大教堂聲嘶力竭地宣傳他所見的異象，最後當審判近了，天譴即將到來時，薩佛納羅拉總是以先知的口吻譴責奢靡浮華的佛羅倫斯。這對情感澎湃的少年米開朗基羅而言，有著難以抗拒的致命吸引力。

在薩佛納羅拉被處死多年後，年老的米開朗基羅對孔迪維說，每當他閉上眼睛，都還能看見黑袍修士在講台上激情布道的模樣。從以下的文字，不難看出薩佛納羅拉所描述的末日情境，深深地烙印在米開朗基羅心底：

「我看見在上空顫抖的劍尖朝下，風馳電掣地剝了這些人的皮……」

這不就是《人馬族之戰》與《卡西納之役》中匍匐的戰士嗎？

「大地的淵泉都裂了開來……四十晝夜降大雨在地上……」

這不就是《創世紀》大洪水中，驚慌怖懼的人類，在面對滅世情境的無能為力嗎？

波拉約洛《海克力斯與安泰俄斯》

米開朗基羅《創世紀》中的洪水場景

米開朗基羅特別迷戀群眾在特定情境中的集體反應。對於場景的設定，達文西《安吉里之役》將戰場的真實帶進藝術，而米開朗基羅的《卡西納之役》則是末日想像的完美預習。我們在危機降臨時，應該警醒，應該奮起，應該積極面對。在這裡，毀滅世界的是「人」，而唯一可以信任依靠的，也是「人」。

除此之外，米開朗基羅偏愛流動而持續性的裸體線條，在他的雕刻刀或畫筆下，人物造型優雅地結合神話英雄與運動家，兩種不同的力與美，將人的身體以動感串聯起來。

如果我們仔細地欣賞《卡西納之役》，會發現圖中的人物處於某種奇異的舞蹈韻律之中，這也讓我想到馬諦斯的《舞蹈》，兩者流露出相同的乖離與緊張。米開朗基羅的構圖，乍看之下有點鬆散，甚至是漫不經心，當我們沉潛夠久時，就會發現畫中人物彼此緊密又疏離的空間中開始有了對話時，才能看見米開朗基羅剝去文明所加諸給人的限制，讓裸體男子展現出粗獷原始的生命力量。

關於裸體的討論，在西方文化中其實很早就出現了。裸體（Naked）原本指的只是一種未著衣物的自然狀態。從古希臘開始，裸體只是一種題材，神話故事中的阿波羅、維納斯、丘比特，他們之所以裸體並沒有特別的原因，因為古希臘人認為他們本該如此，才能表達理想與完美。雖然當時已用裸體來傳達「均衡」的理念，但還沒有形成完整的美學系統。

到了教會主宰一切的中世紀，裸體成為罪惡的象徵，在地獄中受苦的靈魂、被逐出伊甸園的亞當與夏娃，都是赤身露體地暴露在懲罰之中，在這個時期，裸體是羞恥的容器，不是真善美的象徵。

米開朗基羅的《卡西納之役》與《創世紀》，以開天闢地之勢，革新中世紀以來保守的藝術觀點。裸體藝術（Nude）成為藝術家宣洩情感、陳述哲學思想、表達意識形態的有力形式，並與我們所想像得到的一切產生聯結，喚醒我們內心遺忘的感受與感動。

米開朗基羅說：「裸體是靈魂的外在形式。」健美的肉體必定包覆著健康積極的靈魂，他所打造出的新藝術，也塑造了我們今天對身體的看法。街坊減肥瘦身的媒體廣告、充滿俊男美女的時尚雜誌都告訴我們：健美的肉體代表富裕、自律，有智慧；肥胖則代表貧窮、不自愛、愚昧顢頇。這種錯誤是忽視生理醫學的黑白兩分法，其實也是五百年前，

米開朗基羅《卡西納之役》／巴斯蒂亞諾・達・桑加洛仿作

米開朗基羅美學思想的扭曲變形。

《卡西納之役》設計草稿的出現，再度讓佛羅倫斯陷入藝術狂歡的歇斯底里。根據瓦薩里的傳記描述，西元一五〇四年秋天，米開朗基羅的設計稿被共和國議會高高掛在染工醫院的大食堂中，每天都有絡繹不絕的人群湧進朝聖，只為了一睹《卡西納之役》的丰采。當然也少不了藝術界的參與，其中就包括了波提切利、吉蘭達約的兒子利多佛、桑嘉羅兄弟、彭托莫（Jacopo Di Pontormo）、薩爾托（Andrea del Sarto）、佛羅提諾（Rosso Fiorentino）、班迪內利（Bartolommeo Bandinelli）……這份訪客名單簡直是文藝復興的封神榜！尤其後面這幾位藝術家，《卡西納之役》深深地打動了他們尚未成熟的創作心靈，這些晚輩後來都成為米開朗基羅終生的信徒，模仿他的風格，最後形成了矯飾主義的先鋒。

體現自我思緒的藝術品

米開朗基羅與達文西，分別以獨特的藝術風格與個人魅力征服了歷史。在此之前，佛羅倫斯也公開舉辦過藝術家的同場競圖，布魯內列斯基與吉伯提為了聖喬凡尼洗禮堂大門的競賽所製作的青銅飾板，就是最著名的前例。

不過，單就兩人的競圖作品來看，我們只能判定何者製作技術比較精純優良，何者在空間構圖上比較出色。至於能否從作品中看出亞伯拉罕即將手刃愛子的矛盾掙扎，或是以撒被父親強押在燔祭柴火上的複雜心情，無法在青銅嵌板呈現。因為從這些作品中，我們看不見「抽象」的思緒，只能觀察到「具象」的事實。

但米開朗基羅與達文西的作品卻截然不同，他們強烈體現了自我的生命思考。《安吉里之役》與《卡西納之役》之後，個人的藝術觀點與哲學理念和價值觀，才第一次讓藝術家大放異彩，也第一次進入了大眾的腦袋裡。

在我心中，他們就好像聯手到奧林帕斯神山偷火下凡的普羅米修斯一樣，兩人將象徵智慧與理想的火種帶到人間，也成就了五百年後的人類藝術文明。

CHAPTER · 8

來自烏爾比諾的天才

一五〇四年，在佛羅倫斯

九一一事件後十個月，某個偶然，我前往奧地利，拜訪一幅讓我朝思暮想、夢縈魂牽的大師之作。在廉價航空大行其道之前，歐陸四通八達的長程巴士，是經費有限的旅行者的最佳選擇。

我懷抱著朝聖者的虔誠與戀慕者的渴望，從海峽彼岸到中歐內陸，十多小時的搖晃。在半夢半醒間，有時，沉浸在瓦薩里《藝術家列傳》的陳年往事裡，有時，則神遊在薩替充滿空隙的樂音之中……不過大多數時候，是對著窗外飛逝的風景發呆。當我們為了與某件人事物相會而千里跋涉時，心中總是懷抱著過度浪漫的幻想與不安忐忑，想像在旅程的終點，等待我的，究竟是心滿意足的喜悅？抑或是期待落空的崩潰？

這位來自烏爾比諾的天才，會讓我失望嗎？

歷經動盪苦難的十九世紀，韜光養晦後的維也納，在新時代展現出世故迷人的都會氣質。環城大道、歌劇院、新市政廳、英雄廣場、城市公園，都是旅人忘返流連的所在。但對我來說，心心念念，只有一個地方、一幅作品。在她的引導下，我不遠千里，只為了看她一眼。

一五〇四年初秋，達文西《安吉里之役》與米開朗基羅《卡西納之役》的草圖，正式

展示在世人面前。當代天才的頂尖對決，藝術王者的正面交鋒，誠如之前所說，吸引各方創作者前來朝聖。而在這場備受矚目的人文盛會中，有位年輕藝術家特別值得關注。來自烏爾比諾的拉斐爾．聖齊奧（Raffaello Sanzio da Urbino），不久之後，將以超新星爆炸的驚天之勢，在眾星雲集的藝術銀河中大放異彩。

紳士文化的誕生

長久以來，我們習慣將佛羅倫斯與文藝復興劃上等號，卻忽略了一個偉大的人文時代，並非只依靠一座城市的資源就能完成，實際上，文藝復興是透過義大利城邦之間的競爭與合作，相互串聯，才逐漸建構出時代的共同願景：教皇國羅馬、大學城波隆那、千年水都威尼斯、北方王城米蘭、建築之都威欽察、華麗之城曼托瓦、現代都市設計的原型費拉拉與皮亞欽查，都在十四世紀後半至十六世紀中葉，以各自的優勢與擅場，勾勒出文藝復興的燦爛輝煌。

其中，又以馬爾凱地方（Marche）的烏爾比諾，在文化史上留下最深的印記。一四四四年，從亡兄手中繼承爵位的費德里科（Federico da Montefeltro），便積極地將烏爾比諾打造成北義大利最繁榮的藝文之都。

費德里科

無論以任何標準看待，費德里科是公認當年義大利最傑出的領導者，詩人稱他為「義大利之光」，敵國則尊他為「偉大的對手」，除了過人的軍事統御能力外，他也是名學識出眾的人文學者。求知若渴的費德里科，幾乎蒐集了當時西歐已知的所有書籍，並重金打造文藝復興時期最高調貴氣的宮殿，以及規模僅

次於梵蒂岡教廷的第二大圖書館。造訪過烏爾比諾公爵宮的旅人，一定對它堂皇富麗的藏書空間印象深刻。

除了愛書成癡以外，費德里科更是精緻生活的愛好者，也許是公爵年少時在曼托瓦宮廷留學的美好經驗，或是對佛羅倫斯「華麗的」麥迪奇家族的隱性對抗，費德里科對「感性」與「美」的追求所投下的鉅額資本，讓他成為另一位文藝復興重量級的贊助者。

如果把佛羅倫斯比喻成我們所居住的銀河系，那烏爾比諾宮廷就是與我們遙遙相對的仙女座星系。費德里科在烏爾比諾執政期間，積極招募學識淵博的人文學者、文采斐然的詩人作家、風格前衛的音樂家、還有獨具一格的藝術家：畫風清明澄澈的皮耶羅・德拉・弗朗切斯卡（Piero

della Francesca），擅長壓縮空間與情感的烏切羅，以及著名的美學家，拉斐爾的父親喬凡尼・桑蒂（Giovanni Santi），都在費德里科的長期資助下，才得以發展。

值得一提的是，長期關注個體文化素養與德行品格的烏爾比諾宮廷，在風雲詭譎的文藝復興時代，看似不合時宜且微不足道，卻對後世產生深遠影響。烏爾比諾宮廷作家卡斯提里昂尼（Baldassare Castiglione）在一五二八年出版著名的《廷臣之書》（Il Cortegiano，或英譯為The Book of the Courtier），是西方世界第一本探討「紳士應具有哪些教養、禮節，以及如何陶冶氣質」的主題專書。卡斯提里昂尼透過觀察，細膩描述與分析烏爾比諾宮廷內君臣及同僚間的個人行事風格與日常應對，並巧妙地將中世紀盛行但日漸式微的「騎士精神」，轉換成更符合時代潮流的「紳士風範」。

卡斯提里昂尼

紳士文化，自此誕生。

卡斯提里昂尼本人就是一位進退有據、彬彬有禮的無瑕紳士，擔任過費德里科的前線軍官、外交使節與國政顧問，晚年甚至出家從事神職，還差點成為紅衣主教，但不管在什麼職位，他始終都能留給職場同事深刻印象。神聖羅馬帝國皇帝查理五世就盛讚他是「世界上最了不起的紳士」，十八世紀英格蘭文壇盟主約翰生博士將《廷臣之書》定調為「討論良好教養的最佳著作」，法蘭西啟蒙時代的大思想家狄德羅談到《廷臣之書》時，則推崇它是「出版史上最具影響力的紳士指南」。

卡斯提里昂尼的著作，並非簡明地條列出禮儀規則而已，它採用蘇格拉底式辯證法來呈現，從各種微妙複雜的角度觀察人類行為，以不帶說教的形式，溫和堅定地向讀者提出一套兼具理性與感性的人際互動哲學。例如卡斯提里昂尼就提出在不同場合應該搭配相應的服色佩飾，並說明細節改變所造成的心理效果。

少年拉斐爾

接受過卡斯提里昂尼指導的少年拉斐爾，想必對他優雅迷人的紳士風範養成有莫大作用。

從小就在烏爾比諾宮廷與父親的畫室間穿梭遊走，提供拉斐爾一個良好的育成空間。喬凡尼・桑提鼓勵兒子順從天賦，學習素描、數學透視與繪畫理論，同時也在畫室中接受專業訓練，少年拉斐爾也沒有辜負父親期望，剛滿十歲的他，就展現令人驚奇的繪畫才能。

拉斐爾首件參與的作品《聖嬰與聖母》，至今仍在烏爾比諾教堂內。這是一幅鑲嵌在壁龕內的溼壁畫，畫風恬靜自然，帶有某種超齡的世故成熟，但我們已經可以窺見拉斐爾溫厚純熟的藝術風格。同樣的，拉斐爾和米開朗基羅一樣，終其一生，反覆鍛練聖家族母子的主題，表現手法也一變再變，透過不同生命經驗的體悟，藝術家進而琢磨出超越時代品味的敏銳詮譯。

時間快轉至一五〇四年，剛滿二十一歲的拉斐爾，移居至義大利半島中部的山城佩魯賈（Perugia），與老師佩魯吉諾（Pietro Perugino）一起接案作畫。

拉斐爾

和達文西、吉蘭達約及利皮有同門之誼的佩魯吉諾，是山城佩魯賈最有名的畫家，他的創作遍布佩魯賈的大街小巷，當時的人說：就算你是賺黑心錢的不良富商，或是殺人如麻的寡頭軍閥，只要有錢，佩魯吉諾都可以將謀殺與欺騙，轉化成溫柔典雅的風和日麗，讓業主黑暗墮落的過往綻放出道德的光彩，因此，有人戲稱他是溫布利亞黑歷史的漂白畫家。想要為自己留下正面光明的形象，找佩魯吉諾就對了。

佩魯吉諾

根據後世史家不懷善意的描述，佩魯吉諾對金錢的熱情遠勝於藝術，對財富有異於常人的執著，這大概和他年輕時貧困潦倒的境遇有關。相傳佩魯吉諾藝成出師後，求職無門，在義大利各地艱苦流浪，幾年後，才選定佩魯賈做為他發展事業的基地。

初抵這座充滿謀略與壞心眼的小山城時，身無分文的佩魯吉諾，有好長一段時間，某個陰暗倉庫的破木箱就是他每晚就寢安歇的地方，即使如此，捉襟見肘的財務負擔，並沒有讓他的藝術變得踉蹌寒酸。義大利中部溫柔起伏的丘陵，和熙明媚的春光，與令人心安的暖色調，向來都是佩魯吉諾的招牌特色。

我個人特別喜愛他和諧勻稱的自然風格，佩魯吉諾總能將宏偉與脆弱，兩種不同象限

山城佩魯賈

的心理感受合而為一，進而創造出恆常不變的繪畫宇宙，有些人認為佩魯吉諾的風格太四平八穩、太保守安全、太沒個性，但我認為這正是佩魯吉諾出色，甚至是偉大的所在。我們總以為，人生就是要走一條大破大立、高風險高承擔的路線，長大以後，我們才漸漸明白，即使與大家肩並肩，一同走在康莊大道，與周遭保持穩定步調齊頭並進，也是件不容易的事。佩魯吉諾總是小心翼翼地在個人風格與市場品味間取得平衡，我想，這可能也是拉斐爾在他門下學習的原因之一：如何適度地將自己的藝術主張，以巧妙的方式放進委託件中不受限制，同時受到大眾喜愛。

就某個程度上來說，這樣的舉動也十分契合烏爾比諾宮廷的文化教養：有節有度的紳士風範。

三傑同在的佛羅倫斯

話雖如此，少年拉斐爾也不是那種因循苟且、安於現狀的創作者。從人文薈萃的烏爾比諾，到充滿心機算計的佩魯賈，拉斐爾年輕生命所經驗的一切，都將化為神性的滋養，澆灌靈魂，靜待成長突破的缺口。所以，當拉斐爾聽到《卡西納之役》公開展示的消息後，隨即放下工作，告別老師，不顧路途遙遠，日夜兼程，專程前往佛羅倫斯，去看看當代最精采的藝術對決。

佩魯吉諾《基督把鑰匙交給彼得》

《藝術家列傳》簡單地敘述拉斐爾的旅程：他與同學貝納迪諾．平圖里奇歐（Bernardino Pinturicchio）先路過西耶納，拜訪當地的藝術家，然後再繼續北上。一五〇四年秋天，拉斐爾抵達佛羅倫斯，雖然我們不知道，這是不是他第一次拜訪百花之都，或有沒有與達文西或米開朗基羅見面，唯一可確定的是，拉斐爾的創作在一五〇四年後，開始脫離溫和平穩的佩魯吉諾風格，明確地轉向更具律動感，線條也更加銳利清晰的佛羅倫斯風格。

我們可以比較佩魯吉諾在羅馬梵蒂岡的西斯汀禮拜堂內的《基督把鑰匙交給彼得》，以及拉斐爾的《聖瑪利亞的婚禮》，就更能體會其中的細膩差異。佩魯吉諾力求透視原則的精確，以及視覺效果的平衡，透過嚴謹的數學幾何切割，讓觀眾的美感體驗有知性上的滿足。當然，拉斐爾也依循著縝密的透視法構圖，只不過在視角的選擇上稍稍不同，他讓鏡頭直接

拉斐爾《聖瑪利亞的婚禮》

切入主題，並將視線微微上揚，營造成某種親密的臨場感。透過打破前景的構圖，拉近畫中人物與我們的心理距離。

簡單地說，佩魯吉諾打造空間，但拉斐爾創造空間。

除此之外，我們還可以發現，文藝復興「以人為本」的核心理念，也在拉斐爾的創作中深化落實。

佩魯吉諾的《基督把鑰匙交給彼得》，是《新約．馬太福音》第十六章第十八節的神聖場景重現，藝術家試圖透過畫筆，讓理智凌駕信仰激情，讓我們「看見」，並教我們「相信」。

拉斐爾則以更加細緻的對比用色與筆觸，將《聖瑪利亞的婚禮》化成一場幸福洋溢的私人聚會，我喜歡這幅畫溫暖蘊藉，有節制的甜蜜。看著瑪利亞含蓄的微笑，我們領悟到，在歲月流轉之後，留在記憶中的美好，並非只出現在充滿激情的顛峰，而是長存於平凡日常的每個角落。除了「偉大」之外，實際上，我們能領會的一切，比想像的多很多。

青出於藍的拉斐爾，已經做好超越佩魯吉諾、超越自己的準備。

隱藏在皮相之下的「美」

回到瓦薩里如同狗仔尾隨跟拍般的文字紀錄，少年拉斐爾除了走訪、臨摹佛羅倫斯市內所有想得到的畫作之外，他幾乎是天天到《卡西納之役》與《安吉里之役》前報到，並且以異於常人的興奮勤勉，畫下一張又一張關於每個局部的精采特寫。大英博物館就典藏幾件拉斐爾臨摹米開朗基羅與達文西作品的速寫草稿。

對拉斐爾來說，達文西是知性的優雅化身，透過精確的科學語法，將我們可以感知的「現象」，昇華成靈性的愉悅，從《最後晚餐》、《施洗者約翰》到《蒙娜麗莎》，都是以「神秘」來展現藝術只可意會無法言傳的曖昧。達文西所傳達的美，可以讓哀傷得到平靜，讓沉淪獲得昇華。但如果我們更深入達文西的創作，隱隱約約就意會到，「美」是無法量化，也無需論證的存在。拉斐爾透過臨摹，逐漸掌握「美」先驗與超驗的一面，拉斐爾將達文西視為天啟的藝術先知。收藏在維也納藝術史博物館中的《草地上的聖母》，就是拉斐爾這位來自烏爾比諾的天才，對達文西的藝術深刻思索後最具體的表現。

在畫面中，瑪利亞與年幼的耶穌和小施洗者約翰，在陽光明媚的藍天下徜徉在草地上的幸福光景。拉斐爾筆下的聖母，以恬靜自若的溫柔眼神，關注著在一旁嬉戲遊玩的孩子們，細細品味畫面的纖細柔美，我們會發現拉斐爾筆下的瑪利亞，與達文西的聖母遙遙呼應。兩位文藝復興大師，都捕捉到女性美的真實與神秘，在生命的波瀾動盪後，內心真正的

拉斐爾《草地上的聖母》

平靜，是尋常日子中微小的快樂。拉斐爾的天才，在於領會隱藏在皮相之下，「美」的意涵與救贖，這是少年拉斐爾在精神層次上的越級飛升。

相對於達文西的儒雅溫文，粗野率真的米開朗基羅，也讓拉斐爾留下深刻印象。對肉體的坦蕩，是米開朗基羅直言不諱的藝術風格，即使是神聖如西斯汀禮拜堂，他也硬是要把人體以最不遮掩的方式呈現。

傳說，佩魯吉諾也偷偷來到競圖現場，觀摩當代天才的頂尖對決。面對米開朗基羅恥度大開的男性肉體，佩魯吉諾先是嚇得怔住，然後大發脾氣：「滿屋子的胡言亂語與傷風敗俗！」丟下這句話後，他掉頭離開。返家後的佩魯吉諾大病一場，無法言語。拉斐爾告訴米開朗基羅：「因為你的作品中有太多太多無法言喻的新穎，我的老師受不了自己的無能，所以才氣出病來……」

這則軼聞的目的，是為了要突顯出米開朗基羅的前瞻與革新，與江山代有才人出的世代交替，但我們知道，草圖展出的同時，佩魯吉諾正在佩魯賈附近的小鎮繪製《聖賽巴斯汀的殉道》（Martirio di san Sebastiano），應該無暇前往佛羅倫斯。比較可靠的說法是：佩魯吉諾於一五〇六年前往佛羅倫斯，接手利皮與達文西都沒辦法完成的六聯幅《聖告》（Annunziata Polyptych），才親眼目睹兩人草圖被破壞後的「殘跡」。

不過，一五〇四年之後的佩魯吉諾，的的確確成為藝術界的過去式，今天分別收藏於美國、德國與南非的《聖告》，在發表的當時，確實受到極大的非議。見證過達文西神乎其技的繪畫技巧，與米開朗基羅大破大立的革新創造後，民眾對藝術的鑑賞提升了，並且對過往的流行進行嚴厲批判，像佩魯吉諾、維諾基奧這些視覺大師，已經被視為「舊時代」的代表，藝術風向變化之快可見一斑。

話說回來，米開朗基羅讓人體刻意展現戲劇化動作的動感設計，對拉斐爾影響深遠，後來他在梵蒂岡的《雅典學院》、《屠殺嬰孩》（The Massacre of the Innocents）與《派里斯的審判》（Judgement of Paris）中，我們都可以看到米開朗基羅式狂暴癡迷的肢體風格，對拉斐爾產生質與量的變化。

拉斐爾《屠殺嬰孩》

CHAPTER · 9

人的覺醒

轉印失敗的《安吉里之役》

一五〇四年秋季，達文西的《安吉里之役》，與米開朗基羅《卡西納之役》分別在新聖母福音教堂與染工醫院公開展示。這兩幅都是面積約一百平方公尺，稱之為「Cartoon」的底稿，字根來自於義大利文的「Cartone」，指的是一種厚實沉重的巨幅紙張，專門用來轉印藝術家手繪底稿「Drawing」到溼壁畫上的工作圖。只不過，今天「卡通」特別指的是動漫影音作品。

兩位藝術家向世界展示的，是他們在轉印前的炭筆手稿。

如果這兩幅作品，真的按計畫進行的話，那肯定是兩組風格迥異，卻又相互輝映的傳世之作。按照施工規畫，達文西進度領先米開朗基羅。李奧納多於一五〇五年六月六日星期五開始動工，著手繪製《安吉里之役》的大壁畫。

他先請專業的灰泥工匠（Muratore），為大議會廳的牆面打底，這種累死人的粗活，當學徒時一定要親力親為，但成名後，畫家幾乎不會下海，因為生石灰的腐蝕性很強，一不小心，身體可能就會受到傷害。二十世紀前，西方社會在屍體下葬前，會鋪上大量生石灰，如此能加速大體分解，也可以減少不好的氣味。溼灰泥塗好之後，用小釘子將草圖固定在牆上，再用針筆，循著草圖上的線條刺出數以千計的小孔，然後把碳粉撒在草圖上，用布團拍打，這樣碳粉就能均勻地分布在小孔之中，緊接著撕下草圖，溼灰泥壁上就會出現草圖上的圖案，再根據輪廓補上線條，上色。這些單調枯燥的技術活，需要按部就班，重複數十次，才算是大功告成。

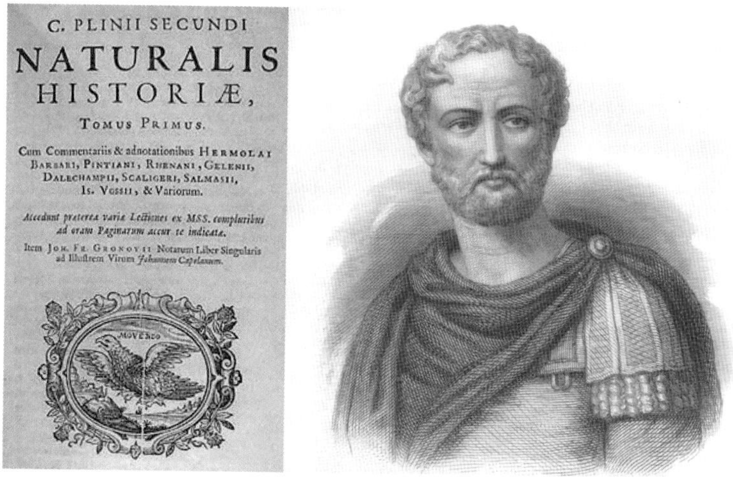

老普林尼與他的經典名著《自然史》

不過李奧納多·達文西並不想按照傳統的方法來繪製《安吉里之役》，他想要在技術上另闢蹊徑，達文西記得在米蘭所犯的錯誤——《最後晚餐》不該使用容易變質的有機材料做為基底，太容易受環境因素劣化而失誤。這一次，他求助於古代的博物學大師，羅馬皇帝維斯帕先倚重的好朋友，人稱「會移動的圖書館」老普林尼（Pliny the Elder）的智慧。

這位古代的印第安納·瓊斯，曾經在地中海南方，研究製造紫色染料的蝸牛；研究寶石，第一位提出，琥珀其實是太古時代的樹脂變化而來；發現黃金驚人的延展性與可塑性，並討論黃金在資本市場流動，對帝國財政的影響；甚至於他還近距離觀察劇烈噴發的維蘇威火山，最後身先士卒，深入火山重災區，在援救龐貝城的路上罹難。老普林尼也在著作中討論希臘與羅馬之間的工藝概念，其中一項記載，引起了一千四百多年後達文西的好奇。

在遙遠的尼羅河流域，流傳著一種特別的繪畫技巧。埃及人將蜜蠟與顏料，加入溫水後混合，調製成黏糊的膏狀物來使用，用來繪製木乃伊的死亡面具，這種方法歷久彌新，處理過的顏料不會變黃，也不會氧化，除了不透水外，還能散發出平滑柔順的自然光澤。古典時代的神殿飾板與雕像，也可能使用熱融蠟顏料來上色。直到二十一世紀，世界各地仍有許多傳統工藝仍在使用相似的技法。台灣朋友熟悉的蠟染，算是這種手法的變形應用。

就字面上看來，「Encaustic」就是將蠟加熱，老普林尼在《自然史》中繼續寫著：「這些混合的顏料，可以使用在乾燥的表面上，像是亞麻布、白楊木、或乾的白堊土……」可惜達文西沒看到接下來的文字「不過並不適用於灰泥牆上」。畢竟他沒學過拉丁文，看不懂（或誤讀？）老普林尼的原文。

我們也可以從另一件事了解，當達文西與共和國新政府簽約繪製《安吉里之役》時有附帶條款，要求馬基維利的助手把安吉里之役相關的歷史文獻，從拉丁文翻譯成義大利文，這是為了讓不熟悉拉丁文的李奧納多，能夠理解古代戰爭的發生始末。

無論如何，達文西決定要試試，復興這種上古的繪畫手法。在眾目睽睽之下，他讓溼

疑似達文西的《安吉里之役》草圖

灰泥牆逐漸變乾變硬，然後在灰泥牆上繪上熱融蠟所調製的色彩，當達文西畫上顏色後，發現問題大了。凡是使用過熱融蠟顏料的人都知道它有種奇妙的特性，就是乾得特別慢。一九一一年七月，考古學家克姆，就曾經頂著四十度的高溫，在龐貝古城的遺跡作畫，他發現熱融蠟所調製的顏料，在任何情況下都可以上色，不過竟然花了十四天，熱融蠟顏料才穩固定色在灰泥上。所以我們現在使用熱融蠟顏料時，在畫完後會用電熨斗或吹風機來處理。

達文西顯然是畫上後才發現問題所在，為了快速完成《安吉里之役》，李奧納多又異想天開地想方設法來為畫作加熱，加速乾燥的過程。達文西興趣勃勃地教助理們備好火把、噴火罐，結果，悲劇發生了。達文西的曠世之作《安吉里之役》上方被嚴重地燻黑，下方則融化成一坨又一坨，令人傷心且難以辨認的色塊，像是骯髒的咖啡漬。大家會想，既然畫壞了，為什麼不打掉重畫呢？記得將草圖轉印到塗抹溼灰泥牆上的動作嗎？當轉印完成後，達文西的助手們將《安吉里之役》的草圖從牆上「撕」下來的同時，現場圍觀的群眾蜂擁而上，你爭我奪地把草圖撕成數以千計的碎片，每個人帶幾片回去，無論是自己留著，或是送給親朋好友，《安吉里之役》消失，不再「完整」地存在了。

告別佛羅倫斯的藝術先知

事後，達文西有思考過畫作該如何挽救嗎？沒有人知道。他覺得沮喪失望？忿忿不平？還是無所謂呢？我們也不得而知。今天，我們所認識的《安吉里之役》，是一六〇二年，來自法蘭德斯地區的巴洛克大師魯本斯（Peter Paul Rubens），根據薩克嘉（Lorenzo Zacchia）於一五五三年所完成的版畫臨摹而成。換句話說，我們是透過第三手的印象，來瞭解《安吉里之役》。達文西在佛羅倫斯，一直待到一五〇八年，之後離開，終生再也沒有回到故鄉。

達文西先在米蘭住了五年，動手繪製《聖安娜》與《施洗者約翰》，隨後又在羅馬住了三年，一五一六年，年邁的達文西受到法蘭西宮廷弗朗索瓦一世的邀請，開始他人生最後的旅程。達文西遷居於昂布瓦斯（Amboise）城堡附近的克魯斯堡（Clos Lucé）內，月領一千索尼（約今天新台幣十一萬），擔任弗朗索瓦一世的「首席畫家、工程師、國王的建築師與機械師」。他持續研究機械與建築，同時也構思其他天馬行空的前瞻計畫：例如設法連結羅亞爾河與索恩河，打通大西洋與地中海的航線。

達文西《施洗者約翰》

閒暇之餘，達文西以極舒服的進度，慢慢地修飾他手邊的繪畫——《蒙娜麗莎》、《麗達》、《聖安娜》與

達文西《聖安娜》

《施洗者約翰》。達文西還抽空設計王子的受洗典禮、宮廷娛樂晚會、騎馬比武大會與烏爾比諾大公羅倫佐．麥迪奇的婚禮，可說是相當忙碌。另外，還製作了一隻會動會吼的機械獅，嚇壞了不少來觀禮的賓客。

今天，羅亞爾河附近的香波堡（Château de Chambord）內，還有一座達文西為弗朗索瓦一世所設計的雙螺旋梯。位於城堡主塔中央的雙螺旋梯，由巨大無匹的空心石柱貫穿三層樓，兩座不同入口的螺旋式階梯環繞，交錯盤結地上上下下。皇后及情婦即使在同一時間上下樓，也只會看見對方的臉，這樣就不會尷尬地與情敵面對面了。我喜歡這座同時具有中世紀堡壘的壯觀雄偉，與法式文藝復興優雅細緻的香波堡，達文西在這裡辦過盛大的煙火晚會，娛樂了無數的外國使節與貴族名流。這不禁讓我想像，達文西在做這些事的時候，真的開心？真的心滿意足嗎？

一五一九年五月二日，六十七歲的文藝復興全才李奧納多．達文西於御賜的克魯斯堡家中辭世。後來被葬在昂布瓦斯堡旁的聖．於貝爾禮拜堂（Chapelle Saint-Hubert）內，身後只剩下一面圓形銅蓋，簡單地側寫他的臉龐。

巴黎的小皇宮美術館內，收藏著一幅名為《達文西之死》（La Mort de Léonard de Vinci）的畫作，它是一八一八年，由新古典主義最後一位大師安格爾（Jean-Auguste-Dominique Ingres）所繪。在畫中，我們的大師，李奧納多．達文西先生，方才呼出最後一口氣，虛軟地躺在法國國王弗朗索瓦一世的懷中，國王後縮的下顎，縮瑟僵硬的肢體，在在地顯示，他正極力壓抑著內心無法平復的哀痛，周圍的人，從神父、僕役到少不更事的王子，也感受到了國王巨大的悲傷，大家都用靜默來紀念一代偉人的逝世。安格爾以酒紅色為背景底色，以色彩強烈暗示，要我們牢牢地記住這最黑暗的時刻：我們的世界，永遠地失去一位導師，一位值得尊敬的朋友。這是一幅具有感染力的作品，雖然與史實不符，甚至於太過矯情做作，但這就是世人心中的達文西，連國王也為他的曠世奇才而折腰。

我在達文西的墓前佇立許久，想像我們的世界，如果沒有達文西，那會是怎樣的光景？達文西有許多異想天開的設計構思，像是諸多奇特的機械裝置、水力工程、飛行器、降落傘……許多人因此就把達文西視為一位預見未來的科學先知，其實，我覺得並不公平。十九世紀末法國最偉大的小說家凡爾納（Jules Gabriel Verne），一生寫過六十多部大大小小、篇幅不一的作品，從深海航行、月球漫步、地心探險到未來網路世界，他以無邊無際的想像力，奮力書寫可能發生的未來。一八八四年，教宗利奧十三世接見凡爾納時，曾對他說：「我並不是不知道您作品的科學價值，但我最珍重的，卻是它們的純潔、道德價值和精神力量。」儘管受到如此地推崇，卻沒有人把凡爾納視為科學家；同樣的，當我們仔細研究過達文西生平與筆記手稿時會發現，他是一位不世出的藝術家、偉大的夢想家，卻不應該人云亦云，將達文西附會成科學家。弗朗索瓦一世延攬達文西，本來就不是看中他的「天才」，在法國王室中，有更多出色而稱職的工程師為弗朗索瓦興建碉堡與巨塔，但他從來沒想過要達文西為法國開鑿運河，也沒有請他製造武器。

安格爾《達文西之死》

聖．於貝爾禮拜堂

我認為，弗朗索瓦一世內心十分地崇敬這位多才多藝的老人家，弗朗索瓦一世將達文西看做是一位談吐機智優雅、理性與感性兼具的人文學者。就像是當年偉大的羅倫佐·麥迪奇延請米蘭多拉一樣，希望透過這些學者的聲望，來提升自己的文化水準。

我喜歡這樣的達文西，一位看過滄海桑田、歷經烽火狼煙的智慧長者終生不改其志，熱情且專注地投入手邊的事，認真生活，這才是值得我們記憶的李奧納多·達文西。

消失的《卡西納之役》

至於《卡西納之役》，米開朗基羅自始至終都沒有機會動筆繪製。我們對《卡西納之役》的瞭解，出自於他的學生，桑嘉羅家族的巴斯提諾（Bastiano da Sangallo）的副本拷貝，這是一件用力太猛，過度強調解剖卻又不太成功的臨摹作品，巴斯提諾的《卡西納之役》，是一群莫名激動的裸體士兵，流於做作的舞台劇全景素描。當畫家太過鑽營於肌肉、肌腱與骨頭的解剖結構，人物的線條看起來就會平板呆滯，不過巴斯提諾的拷貝，是我們唯一能看見的《卡西納之役》全景。不過，大家一定覺得奇怪，既然米開朗基羅不曾進行溼壁畫底圖轉印，那麼設計原稿應該會被留下來才對！

關於《卡西納之役》的下落，瓦薩里在《藝術家列傳》提供我們它的後續故事：當達文西與米開朗基羅之間的王者之爭結束後，《卡西納之役》的草圖被移到維奇奧宮的教皇廳，供人欣賞與臨摹。其中最常去的，就是外號巴喬（Baccio）的班迪內利，班迪內利越是模仿，越是瞭解到自己永遠無法超越米開朗基羅，而且同輩之中，還有另一位天才藝術家：本韋努托．切里尼。想到這裡，他心中燃燒起熊熊的怒火與妒意。一五一二年，麥迪奇家族重返佛羅倫斯，驅逐了索德里尼，也打算全然推翻共和政府的一切。班迪內利趁月黑風高、兵荒馬亂之際，進入維奇奧宮的教皇廳，用刀將《卡西納之役》碎成千百片。一方面，在班迪內利的心目中，達文西才是有史以來最偉大的藝術家，另一方面，終於有機會宣洩對米開朗基羅的恨意與厭惡，這場藝術浩劫，班迪內利要負完全責任。

無論瓦薩里所言是真是假，只有當事者才說得明白。不過我想，《卡西納之役》原圖應該就是在一五一二年，政權交替時被毀壞的。即使原稿不見了，還好，米開朗基羅為這件案子，留下了數以千計的素描稿，從這一張張速寫稿中我們得以窺見，米開朗基羅如何用男性肌肉裸體去營造一個互動親密、表情生動、肢體健美的裸體小宇宙。如果說《人馬族之戰》是雕刻刀的繪畫，那麼《卡西納之役》就是米開朗基羅用畫筆雕刻的史詩。「無人出其右，即使米開朗基羅自己……」瓦薩里如是說。

當米開朗基羅完成壁畫的全尺寸草圖後，還沒來得及開始，就宣告結束。一五〇五年的二月，他被「戰士教皇」儒略二世（Pope Julius II）召去羅馬，半威脅半利誘地強迫接案，先是鑄造教皇本人的青銅紀念像，然後又接手打造儒略二世的雄偉陵墓。這些表面看似單純的藝術委託，背後卻又牽扯了複雜的利益算計、政治糾葛，與國際政治中不能說的秘密。羅馬當局邀請／利誘米開朗基羅的舉動，直接打擊了佛羅倫斯新政府的威信。索德里尼想提升新共和政府的威望，喚醒佛羅倫斯市民對歷史的榮耀與驕傲，但卻雷聲大雨點小，後來也不了了之。

米開朗基羅先是到了波隆那，發現工作不如預期的順利，首先是儒略二世的青銅巨像，高四．二公尺，重達四千四百五十公斤的教皇銅像，一直折騰米開朗基羅到一五〇八年二月二十一日，他才算鬆一口氣。這是羅馬帝國滅亡以來最巨大的人物青銅塑像，另外兩座規模相當的，是達文西的老師維洛及歐所設計，高三．九五公尺，放置在威尼斯的聖約翰與聖保羅廣場（Campo di Santi Giovanni e Paolo）的《傭兵隊長科萊奧尼像》（Equestrian Statue of Colleoni），以及西元一七五年所灌鑄，高三．五公尺的《羅馬皇帝馬可．奧里略騎馬雕像》（Equestrian Statue of Marcus Aurelius）。只可惜後來米開朗基羅所雕鑄的教皇青銅像，在三年後的一五一一年，當地貴族重新奪回被教皇占領的波隆那時，憤怒的民眾衝進廣場，將教皇銅像砸碎，再把它的碎片運到鄰近的城市費拉拉（Ferrara），重新鑄成火砲。在承平時期，它們是精緻華貴的藝術品，在動亂時期，它們搖身成為殺人利器，這是屬於青銅雕塑的時代悲歌。

切里尼

另一件讓他焦頭爛額的案件，是教皇儒略二世的陵墓。米開朗基羅稱它做「悲劇之墓」（Tragedia della Sepoltura），施工從一五〇五年到四三年，前後將近四十年。按照米開朗基羅一五〇五年第一稿的設計圖，陵墓完成後應該有三層樓，四十座雕像。但在委託結案時，雕刻家也只完成三座：在西奈山領受十誡的摩西（Moses），以色列人先祖雅各第一任妻子利亞（Leah），以及雅各第二任妻子拉結（Rachel）的大理石雕像。

教皇儒略二世之墓是真正的野心之作，如果米開朗基羅完全投入陵墓創作，歷史學者粗估，即使在藝術家健康良好、不眠不休的工作情況下，也需要七十五年才能夠完工，事情發生的話，那麼我們就無緣得見《創世紀》、《最後審判》與聖彼得大教堂的圓頂。

米開朗基羅打造的儒略二世之墓（左）與《羅馬皇帝馬可·奧里略騎馬雕像》（右）

率真粗野的敏銳感性

倘若要與你分享米開朗基羅，我的最愛，是一五〇八年開始創作的《創世紀》。這一年，米開朗基羅三十三歲，看起來卻遠比實際年齡來得疲憊滄桑。根據占星學研究，米開朗基羅的上升星座在射手座，「出生時正值水星、金星在木星宮內」，這裡指的木星宮，有學者推敲，應該是雙魚宮，但實際上米開朗基羅的水星落在寶瓶、金星則坐在牡羊，剛好一前一後夾著雙魚。後世學者更大膽推定，應該是瓦薩里的記載有誤，這些文字上的謬誤，無損於他們的偉大。水星與金星的組合排列，都預示降生者「會在愉悅感官的藝術上有很大的成就，例如繪畫、雕塑、建築……高度敏銳的感性，也比較容易受到情緒影響，半途而廢。」

事實證明，的確如此。

在繪製西斯汀禮拜堂《創世紀》的過程，好幾次，米開朗基羅幾乎放棄這組高難度的溼壁畫；好幾次，他已經逃出城外，想遠走高飛，卻又被藝術所召回，繼續完成他的天賦使命，他人眼中不可能的任務。同樣的，米開朗基羅也以叛經離道的表現形式，宣泄自己對威權的不滿。

試問：有哪位藝術家的上帝，用屁股大剌剌地對著下方的教皇？又有哪位藝術家的上帝，在世人的眼前是如此地全知全能呢？現在，我站在與米開朗基羅同一個地點仰望，當年，他看到的是寶藍色的星空，斑駁破損的星空現出許多縫隙，一如造物初始混沌的洪荒曖昧。三十九公尺長、十四公尺寬的巨大空間，這是藝術史上無與倫比的空白，而米開朗基羅，以無比的才華與熱情，用了四年六個月的時間，像造物主一樣開始創造。

米開朗基羅在多方面的探索研究、嘗試錯誤之後，決定捨棄種種瑣碎細節描繪，直接訴諸大塊色彩、俐落線條、與光與影的交織糾結，以壓縮後釋放出強大的精神能量。「創造」、「墮落」、「懲罰」與「救贖」，是西斯汀禮拜堂的主軸。米開朗基羅大筆勾勒創世神話，第一次，聖經以前所未有的壯麗，呈現在世人面前。

「神用地上的塵土造人，將生氣吹在他的鼻孔裡，他就成了有靈的活人，名叫亞當。」

——《舊約全書・創世紀》第二章第七節

米開朗基羅所創造的亞當，從一開始，就是個體格壯碩的裸體男子：豐厚的肌肉飽滿、充滿隨時要奮起的力量，他的眼神與表情，卻如新生兒般純真無知。從下仰望，我們可以看見一股從容圓潤的光在肌理明暗間流動。米開朗基羅捨棄傳統構圖中，造物主息吹賦予生命的刻板印象，取而代之的，是以指尖輕微碰觸，傳遞若有似無但源源不絕的生命力。

在米開朗基羅的眼中，每個人的生命原本就是微不足道的塵土，因為希望、因為愛，我們的生命才能從蒙昧的無明中甦醒，睜開心靈之眼，重新看見世界。而世界也以無限，回應生命對永恆的渴望。

米開朗基羅《最後審判》

這份對永恆的凝望，就在人性的甦醒後得到慰藉。

永恆，原來就隱藏在那稍縱即逝的分秒之中。

我的視線，再往前移動，米開朗基羅從創造到賦予，進一步描繪了失樂園，人性的墮落。

我常想，是不是每個人內心深處，都潛藏某種一觸即發的叛逆因子。我們叛逆，是因為我們渴望。我們渴望自由、渴望無垠的天空、渴望無極的大海、渴望愛人與被愛，我們渴望被認同，也渴望與眾不同。亞當與夏娃違背了上帝的禁令，吞下智慧的禁果，失去了無知的幸福，被迫從無知的幸福花園出走，走向動盪，走向不安。

但是，在《舊約》中大逆不道的死罪，卻成了文藝復興時代人人傳頌與追求的普世價值。在這裡，米開朗基羅摒棄了早期文藝復興大師馬薩其奧（Masaccio）在佛羅倫斯布蘭卡契禮拜堂（Capella dei Brancacci）內，亞當與夏娃卑微儒弱的表現形式。在米開朗基羅的眼中，亞當與夏娃從出走的那一刻起，就成為「人」，我們不再是諸神的玩物，不再是命運的棋子，不再卑微，不需要自慚形穢，我們也可以舉起雙手拒絕威權，拒絕諸神。人類以叛經離道的自傲與信念，完成自我的解放。同時也走入生老病死的時間，走入成住壞空的世界，走進無窮無盡的故事之中。

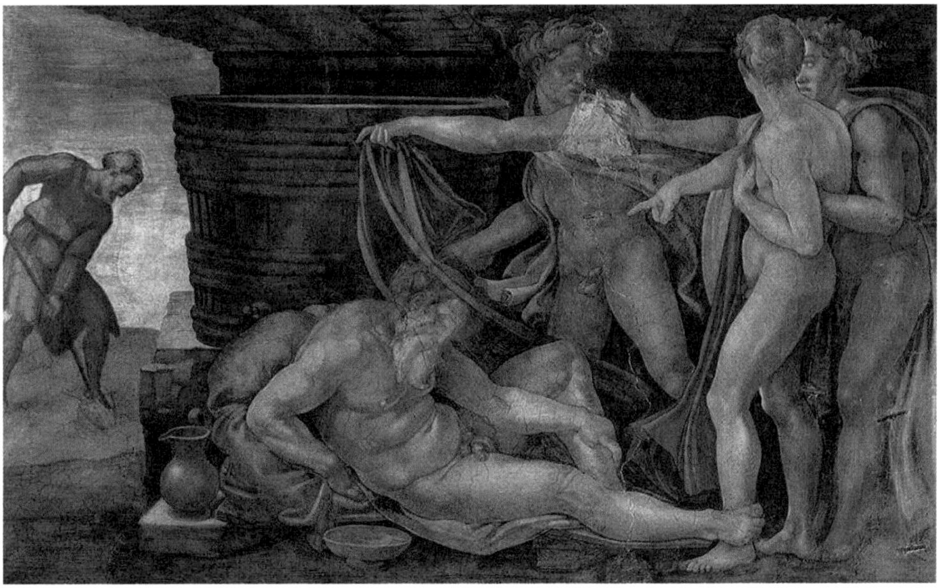

米開朗基羅《諾亞酩酊》

最後，米開朗基羅以《諾亞酩酊》做為《創世紀》組圖的句點。在洪水肆虐中，救贖不在於神，而在於人與人之間的信賴支持。米開朗基羅終究是文藝復興人，不盲信神的權威，只篤定人的覺醒，與覺醒後才能發現，與生俱來的天賦潛能。

在《諾亞酩酊》中，米開朗基羅處理了個人與世界的矛盾。畫中的諾亞，以醉酒及勞動兩種姿態出現，歷經末日洪水的諾亞，似乎喪失了活下去的力氣，酗酒度日，透過酒精來麻醉自己，諾亞的幸與不幸，正象徵著人性的昇華與沉淪、積極與墮落、真實與虛無、虔誠與放縱……生命是艱難的，而世道又是如此殘酷，米開朗基羅將休止符畫這裡，是要後世領受其中的荒謬與意義，要我們思索浩劫餘生後，該如何安頓自己？又該何去何從？仰望《諾亞酩酊》，我看見自己面對大起大落、大是大非的無常變滅。

從神性到人性

五百多年來，這幅偉大的溼壁畫讓下方所有的朝聖者打從靈魂深處震顫，透過《創世紀》，我們才瞭解：原來，世道是如此地艱難，充滿了放縱與沉淪的逸樂誘惑；原來，生而為人是如此地幸運，因為我們自己也有領悟與覺醒的力量，相信自己，相信別人，我們才可以從洪荒的蒙昧恐懼中挺過來。

我抬頭仰望米開朗基羅的《創世紀》，我看見米蘭多拉所種下的種籽，在多年後開花結果，來自西斯汀禮拜堂上方的光，是屬靈的造化，也是人性的光輝，是一份對自我生命的篤實信念，以及面對世道沉淪也不沮喪的堅定勇氣。

一五六四年，米開朗基羅人生最後的歲月，仍不忘情於大理石雕刻。手邊最後未完成的，是後世稱為《隆達尼尼聖殤》（Rondanini Pietà）的聖母哀子像。

我在米蘭的史佛札城堡歷史博物館，近距離欣賞這座雕像。在他年邁粗糙的雙手中，完成令無數世人感動的作品，《隆達尼尼聖殤》，我隱約感覺得到，這是大師為他生命所做的最後註腳，年近九十的米開朗基羅，唯一不能割捨的，仍然是對親情的懷抱眷戀。二十三歲的《聖殤》，年輕的瑪利亞優雅從容地抱著死去的耶穌，不像是一位歷經喪子之痛的母親。經過了一甲子的淬練，成就了米開朗基羅對人世悲歡離合的豁達與同情，八十九歲了，

米開朗基羅《隆達尼尼聖殤》

米開朗基羅不知道他還有幾天可活。唯一能做的，就是不斷地敲打，把他對「愛」的渴望釋放出來，或許，年老的米開朗基羅知道，自己日子真的不多了；或許，他的內心深處，仍渴望母親溫暖的懷抱，孤獨的米開朗基羅，用他一生的寂寞，換來永世的榮耀，人生盡頭，他渴望他未曾擁有的，或他早已失去的，家庭親情的救贖，臨終時，米開朗基羅想念母親的擁抱，他想要一個像《隆達尼尼聖殤》的擁抱，一個可以讓他疲憊的靈魂安憩，像新生兒一樣，可以安心入睡的擁抱。

二月十二日，再過一個月就是生日，這一天，米開朗基羅還是像平常一樣，拖著病痛，拿起斧鑿，奮力在《隆達尼尼聖殤》上留下生命印記。老先生一使勁，就莫名地咳個不停。鑿子越來越重，鎚子揮舞起來也越來越吃力，終於，他放下工具，放下使命，伸出手來，當指尖滑過粗糙的大理石表面時，掌心所感受到的冰冷竟是如此讓人懷念。米開朗基羅是否還會想起，在多年前的午后，他曾經站在鷹架下，一刀一刀地將大衛釋放出來的悸動？他會不會記得，在繪製《最後審判》時，對因戰亂而流離失所的孤兒寡母所產生的憐憫與愧疚？即使知道自己永遠完成不了《隆達尼尼聖殤》，他還是用盡最後的氣力，一斧一斧地琢磨雕像上，所有看得見與難以察覺的細節，為什麼？

他走回臥室，躺了下去。六天後，一代宗師辭世，享壽八十九歲。

如果，你有機會拜訪羅馬，給自己一首詩的時間，站在台伯河上的聖天使橋，從此處遠眺米開朗基羅為聖彼得大教堂所設計的穹頂。他說：聖彼得大教堂的圓頂，是浩瀚無垠的宇宙縮影，也是古往今來的時間壓縮。穹頂右下側那間樸素的中世紀建築，就是西斯汀禮拜堂。繪製在裡頭的《創世紀》與《最後審判》，正好是永恆的兩端。米開朗基羅在西斯汀禮拜堂，壓縮了時間，也壓縮了空間，渺小的我們，無足輕重的生命正飄盪在兩個永恆之間，生命所追求的，正如米開朗基羅與達文西要告訴我們的：當下，即是永恆。

找個角落，坐下來，靜靜地抬起頭來，你會同時看見時間的開始與終結，當下才會醒悟，原來，我們所追求的圓滿與喜悅——

一直都在眼前，

一直都在心中，

只是，我們忘了。

國家圖書館出版品預行編目資料

永恆的凝望：天才閃耀的時代 / 謝哲青著. --
初版. -- 臺北市：皇冠, 2020.8
面；公分. --（皇冠叢書；第4866種）(謝哲青作品；02)
ISBN 978-957-33-3562-7（平裝）

1.遊記 2.歐洲

740.9 109010576

皇冠叢書第4866種
謝哲青作品 02
永恆的凝望
天才閃耀的時代

作　　者一謝哲青
發 行 人一平雲
出版發行一皇冠文化出版有限公司
台北市敦化北路120巷50號
電話◎02-27168888
郵撥帳號◎15261516號
皇冠出版社(香港)有限公司
香港上環文咸東街50號寶恒商業中心
23樓2301-3室
電話◎2529-1778　傳真◎2527-0904
總 編 輯一許婷婷
責任編輯一蔡維鋼
美術設計一王瓊瑤
作 者 照一楊祖宏(攝影)、謝雨棠(化妝)
內頁照片一謝哲青、shutterstock
著作完成日期一2020年6月
初版一刷日期一2020年8月

法律顧問一王惠光律師

讀者服務傳真專線◎02-27150507
電腦編號◎572002
ISBN◎978-957-33-3562-7
Printed in Taiwan
本書定價◎新台幣450元/港幣150元